Les aventures
de Pénélope Bœuf

De la même auteure

Les aventures de Pénélope Bœuf
Tome 1
L'audacieuse effrontée

Les aventures de Pénélope Bœuf
Tome 3
L'amoureuse contrariée
(À paraître)

Les aventures de Pénélope Bœuf
Tome 4
L'exploratrice exaltée
(À paraître)

Pénélope Bœuf

Les aventures de Pénélope Bœuf

La travailleuse acharnée

Flammarion | **Versilio**

Certains récits ont été romancés.
La plupart des noms ont été modifiés.
Une seule aventure a été inventée. Une seule.

ISBN : 978-2-0815-0096-9

À tous ceux qui n'ont pas cherché
à me mettre dans une case[1].

1. Ceci est une litote. Je dédie donc ce livre à personne.

Je ne fais jamais deux fois la même erreur. Je la fais cinq ou six fois, pour être bien sûre.

Citation volée sur Internet.

En vrai, c'est assez génial de travailler...

Salut la compagnie !

Mon prénom c'est Pénélope,
même si on m'appelle plutôt Pénouche, Péné, Pépé, Penelopie.

J'ai mis vingt ans à trouver ce que je voulais faire,
mais ça valait le coup.

J'ai été intermittente
avant de me faire radier.

J'ai bossé en start-up
pour finir en burn-out.

J'ai monté une boîte
qui m'a fait tomber en dépression.

J'ai mis un pied dans des groupes du CAC 40,
en quête – vaine – d'action.

Ma famille est ambitieuse.
Ma sœur, Dodo, est épuisante et carriériste.
Ma mère, Maman, est angoissée et artiste.
Mon père, Papa, est excessif et entrepreneur.
BN, mon ours en peluche, est mon garde-fou très lucide.

Et moi, je suis un mix de tout ça.

Ma passion : les CDD.

Ma plus grande découverte :
la pénélopade.

Dans ce tome 2, je me mets à poil
et vous livre mes casseroles.

BILAN DE PERSONNALITÉ AU TRAVAIL

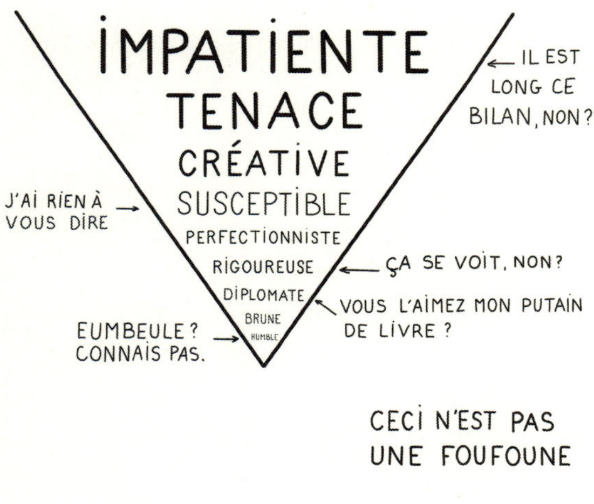

1

L'illusion du métier

— Pénouche, tu veux faire quoi quand tu seras grande ?

— Euh… comment je peux savoir ?

— T'as pas d'envies ?

— Si, plein ! J'aimerais m'occuper d'une plantation de café comme Karen Blixen, avoir le même restaurant que la famille Dubouchon, me prostituer comme Vivian pour rencontrer le grand amour, faire des bandes dessinées comme la mère de Vic, donner des cours de français pour que les élèves montent sur les pupitres en clamant « oh Pénouche, ma minouche ! », parcourir l'Ouest américain et aller à la rencontre du peuple indien, passer l'agrég de lettres classiques pour citer Musset au grand oral, rouler des heures avec ma meilleure amie dans une Ford Thunderbird 66 verte, finir en prison pour creuser un trou dans le mur que je cacherai avec un poster, étudier les dinosaures pour vivre dans un grand parc, avoir des enfants pour recruter

Mrs. Doubtfire, avoir un stock de flingues à la maison et être sur le qui-vive dès qu'on m'appelle pour nettoyer…

— OK OK Péné… mais c'est pas la vraie vie, ça. Ce sont des rôles créés pour le cinéma.

— Et comment je peux savoir ce que je veux faire si tout ça est faux ?

Parfois, je rêve que je perds une dent, que je tombe d'une falaise, que je tue ma mère ou que je gagne au loto éventuellement, mais jamais à 8 ans je n'ai rêvé d'être investisseuse, présidente de la République, bûcheronne, contrôleuse aérienne, codeuse ou assistante sociale…

Vous, si ?

La difficulté n'a pas tant été de trouver un métier, que de trouver ce que j'aimais.

Finalement, pour moi, ça a été ça le travail.

Découvrir, assumer et me battre tous les jours pour me frayer un chemin qui allait me mettre sur la voie.

Aujourd'hui, je ne travaille plus. Je gagne ma vie.

Ça m'a coûté un peu cher, mais ça n'a pas de prix.

2

La calculatrice

J'ai compris que la vie serait aussi droite que ma scoliose le jour où ma mère a décidé de reprendre des études à 40 ans. *Ma mère en fac de psycho ? Depuis quand elle écoute ?*

Je l'ai redécouverte.

Consciencieuse, elle mettait au propre les notes qu'elle avait prises pendant ses cours, acharnée, elle recopiait ses notes qu'elle venait de mettre au propre, et, prévoyante, elle avait toujours trois paquets de copies doubles d'avance pour être sûre de pouvoir prendre des notes.

Qui fait ça ?

C'était en l'an 15, j'étais en seconde.

Elle vivait une seconde jeunesse quand je me débattais avec mon adolescence. Elle rayonnait.

Elle s'était fait très vite plein de copains. Ils avaient tous des noms un peu bizarres. Freud, Pavlov, Maslow, Winnicott. *Sûrement des Erasmus.*

Tous les mercredis, on se mettait à la grande table de la salle à manger et on révisait. Elle recopiait ses leçons, surlignait en jaune, mettait les titres en vert et moi j'essayais de déchiffrer mes cours d'économie.

Son truc, c'était de travailler d'abord les matières qu'elle détestait pour être sûre d'avoir le temps de les maîtriser. *Qui fait ça ?*

Sa pire matière, c'était les statistiques. Pardon. Les « stats ». Elle ne parlait que de stats. Stats par-ci, stats par-là.

Et pour autant, jamais on est allés à Gstaad.

Quand elle avait la tête dans ses bouquins et qu'elle ne voyait pas l'heure passer, je lui chantais « Kouroukoukou roukoukou stach stach ».

Ça voulait dire :

— Maman, fais une pause.

J'étais fascinée de la voir étudier. J'étais même admirative.

Réussir son exam' de stats allait lui demander un peu de logique, beaucoup de copies doubles et surtout une calculatrice scientifique de compétition.

Tous les étudiants ne juraient que par la Casio. Ma mère a investi. Sa Casio ne la quittait jamais. Mon père était jaloux.

Elle se tapait souvent la tête contre sa calculette, pensant que ça l'aiderait à comprendre l'énoncé. Et puis d'un coup, elle bondissait de sa chaise en faisant tomber le coussin en velours rouge qui était censé lui éviter un lumbago, levait les bras en l'air et hurlait :

— J'AI COMPRIS !

Dix minutes après, elle se cognait à nouveau la calculette contre le front et je l'entendais maugréer dans sa barbe :

— Je ne comprends pas, je capte rien, je pige que dalle…

Elle ne lâchait jamais.

Je lui empruntais souvent ses Stabilo, ses Post-it, sa Casio et ça l'exaspérait de me prêter son matériel. C'est vrai que je perdais tout. Mais j'avais l'impression qu'en prenant ses affaires, j'allais me transformer en machine de guerre, comme elle.

Un soir, pour finir un problème de maths, je lui demande si je peux lui emprunter sa Casio magique :

— Y en a marre ! Où est la tienne ?

— Je l'ai prêtée à une copine. Je te la rends ce soir !

— Non, je passe mon exam' de stats demain !

— Je te la remets dans ton cartable, ce soir !

— Pénélope, les statistiques d'oubli après 20 heures sont…

— Maman, épargne-moi ! Je te jure que tu l'auras dans ton cartable ce soir.

— Pénélope…

— Maman ! Mais sérieusement ! Évidemment que je ne vais pas oublier !

— Tu me fatigues. Et arrête de prêter ton matériel à tes copines, elles n'ont qu'à avoir le leur ! Je la veux dans mon sac, demain matin, avant que je me réveille !

Ne pas oublier la calculette de Maman, ne pas oublier la calculette de Maman, ne pas oublier la calculette de Maman…

Je travaille tard et m'endors sur ma leçon de maths appliquées 713705 0 3538 3773 [1].

À mon réveil à 7 heures, ma mère n'est plus là. Elle est déjà partie à la fac pour son examen de 11 heures. Quatre heures d'avance.

Imaginez quand elle prend l'avion…

Mon cours d'espagnol est à 10 heures. J'arrive en classe à 9 h 55, m'installe, sors mes affaires sur la table quand je sens, au fond de mon Eastpak vert qui n'a plus de fermeture éclair, la Casio de Maman.

J'ai un pincement au cœur, mes tripes se nouent et mon rythme cardiaque s'accélère. Je suis au bord

1. Retournez le livre, c'est un langage crypté. Seuls les vrais sauront.

de l'angoissonomie. Comment j'ai pu zapper ? Je viens de l'envoyer au casse-pipe. J'ai la tête qui fume, je me sens mal, je ne peux pas balancer Maman dans les choux. Ce n'est plus à la mode de redoubler. Elle va se planter.

Maman ne peut pas se planter, Maman ne peut pas se planter, Maman ne peut pas se planter…

Il n'y a qu'une seule chose à faire : courir.

Je lève la main et prends mon plus bel accent :

— Por favor, mi yo debe voy a partir ahora.

Je n'ai pas la patience d'entendre Mme Pesetas me dire « Pénélope Bœuf, vous parlez comme une vache espagnole », ni le temps d'attendre son approbation.

J'ai une heure avant que le partiel de Maman commence.

J'attrape la calculatrice, renverse la chaise en me levant et sors de classe en furie.

Je suis en mode guerrière. *Appelez-moi Miller. Captain Miller. Il faut sauver ~~le soldat Ryan~~ Maman.*

Direction Nanterre. La fac. Je n'y suis jamais allée mais je sais comment m'y rendre, Maman se plaint du trajet tous les matins : train + RER. Il faut compter cinquante-cinq minutes. C'est long. C'est presque plus long qu'une heure. Presque.

Je ne suis pas sûre d'arriver à temps. Sauf peut-être si je cours très vite. Et encore.

J'ai bon espoir que les 12 m 03 s aux 100 mètres pour lesquelles je m'époumone au cours d'athlé pour plaire à M. Basquaitte servent enfin à quelque chose.

Je ne connais ni le nom du prof ni les prénoms de ses vraies copines, je sais juste que sa classe est truffée d'Erasmus et que son examen de statistiques a lieu à la fac de Nanterre.

Je n'ai rien sur moi, je suis partie à poil. Ticket de métro, argent, souffle, j'ai tout laissé en classe.

Je fraude en sautant les tourniquets, je filoute en prenant les portes battantes à contresens et je sprinte dans les couloirs du RER.

— Je pars sauver ma mèèèèèère !! Poussez-voo-ouuuuus !!

Le compte à rebours est en marche. Et moi je cours pour ne pas être à la bourre. J'ai la musique de *Mission : Impossible* dans la tête.

J'ai présentement le mental d'un agent secret. Je ne sais pas si c'est la Casio qui s'autodétruit sous mes doigts ou les vibrations du RER, mais je suis sur le point d'imploser de stress.

Tic-tac-tic-tac-tic-tac…

Personne n'a un Kiss Cool, plutôt ?

10 h 52, j'arrive en nage à la fac. Quatre bâtiments.

— Psycho, s'il vous plaît, psycho ? Le bâtiment psycho ?! hurlè-je à la cantonnade.

Une fois le bon bâtiment pénétré [1], j'entre vivement dans toutes les salles de classe en criant :

— Mme Bœuf ? Vous connaissez Mme Bœuf ?

100 % de mes tentatives font un bide. Les salles sont vides.

Je finis par entrer dans une salle remplie d'étudiants. Ils sont tous assis, à des tables séparées au centimètre près les unes des autres.

Une grosse dame blonde aux cheveux frisottants qui me rappelle vaguement Mme Zeniga est postée devant la porte et tient une liste.

1. Ça va, Freud ! Fous-moi la paix !

Je lui saute dessus. Elle sursaute.

— C'est bien un examen de stats ici ? Est-ce que Mme Bœuf est là ?

— Pardon ?

— Ma mère, Mme Bœuf, elle est ici ? C'est urgent !

— Bonjour, mademoiselle.

— Ah oui, bonjour, mademoiselle.

— Mme Bœuf vient de s'installer.

— Ouf ! Je dois lui rendre sa calculatrice !

— Vous ne pouvez pas aller la voir.

Je vois ma mère au loin, la tête entre les mains. Elle a l'air effondrée.

— Mamaaaan !

— Mademoiselle, s'il vous plaît !

— Mamaaaaaaan ! *Je t'en supplie, écoute-moi pour une fois !*

— Mademoiselle, sortez !

— Attendez ! Est-ce que vous pouvez lui donner cette calculatrice, c'est pour ses calculs.

— Ses calculs ?

— Oui ! Je ne veux pas qu'elle fasse une syncope devant sa copie.

— Si elle fait des calculs, vous auriez plutôt dû lui apporter de l'eau.

— De l'eau ?

— Oui, de l'eau ! Pour ses calculs. Bon, écoutez, ce n'est pas le moment. L'épreuve va commencer. Je vais voir ce que je peux faire. Sortez de la salle, s'il vous plaît.

Je lui confie la calculette en croisant les doigts pour qu'elle la lui remette avant le début de l'épreuve.

Je sors de la salle à reculons, en toussant fort, pour essayer d'accrocher le regard de Maman, mais elle est trop concentrée.

Je ne peux pas attendre qu'elle finisse son partiel, je dois retourner en cours. *Claro que sí.*

Le soir, quand j'entends la clé dans la serrure, je me précipite vers la porte d'entrée :

— Mamaaaan, t'as réussi ?

— Ma Pipouche, je n'en reviens pas de ce que t'as fait.

— Pardon Maman, pardon !! Alors ? Je t'en supplie, dis-moi que tu l'as récupérée à temps et que tu as réussi !

— Je suis scotchée que tu sois allée jusqu'à la fac pour me la rendre.

— Quoi ? Mais c'est normal Maman ! Donc c'est bon, tu l'as eue ?

— Oui ! Mais Pépette, tu penses bien que j'avais prévu une autre calculette en back-up. Je te connais, c'est moi qui t'ai faite quand même !

Tout ça pour ça.

Cette histoire de calculatrice, vous me direz, n'a rien d'incroyable… mais en fait, si.

Après cet incident, j'ai réalisé qu'on était tous, oui oui, tous, des Clark Kent.

L'instinct de survie nous fait développer des super-pouvoirs. Et mon super-pouvoir à moi, j'ai découvert que c'était les pénélopades [1].

Depuis, j'en use et en abuse.

Appelez-moi Super-Péné.

1. Patience, la définition arrive.

3

La bonne élève

Ma sœur, Dodo, est un produit pur-sang, élevée comme un cheval de course. Dès son arrivée sur Terre, son avenir était tracé.

Violon, tennis, catamaran, ski, langues étrangères, talons, mention, prépa, ESCP, treize ans chez LVMH.

Moi c'était cirque, galipettes sous l'eau, luge, Cimarron, heures de colle, fac, redoublement, modeste école de commerce, treize boulots différents. LDMH [1].

Si j'ai longtemps cru que j'étais bonne à rien, j'ai *presque* toujours été bonne élève.

J'apprenais les poésies les doigts dans le nez, « *Ô rage ! ô désespoir ! ô vieillesse ennemie !...* », je rédigeais mes dictées les mains dans les poches, les cours

---

1. Liberté. Divertissement. Marginalité. Hédonisme.

d'anglais étaient *a piece of cake*, et j'étais la Arturo Brachetti de la littérature. Je pouvais donner le nom d'une tripotée d'auteurs classiques et contemporains en citant leur bibliographie… sans avoir lu aucun de leurs livres. Ouais, ouais.

Et ça, c'était grâce à mes toilettes.

Si le salon était grand, mes parents avaient préféré dédier une pièce entière à leur bibliothèque en transformant les WC en cabinet de lecture. Quand on poussait la porte des toilettes, on se croyait dans le Quartier latin.

Sur le mur de droite, quand on est assis, étaient rangés les livres, par ordre alphabétique, de A à M : *Austen, Beauvoir, Balzac, Barjavel, Brétécher, Camus, Christie, Dumas, Fifi Brindacier, Flaubert, Freud, Hemingway, Maupassant, Molière, Musset…*

À gauche, ceux de N à Z : *Orwell, Pagnol, les Pieds nickelés, Stendhal, Steinbeck, Sagan, Saint-Exupéry, Sartre, Vian, Wilde, Zola, Zweig…*

Derrière, sur une étagère trop haute pour les lire, trônaient les livres d'apprentissage : *encyclopédie, dictionnaires, Bescherelle, Bled, Grevisse…*

Et sur le mur d'en face, en hauteur parce qu'on ne les ouvrait jamais, les livres d'art : *Frida Kahlo, Bacon, Miró, Rodin…*

C'est donc les fesses sur une cuvette que je me suis cultivée.

À table, quand il y avait des invités, je faisais du name dropping, des blagues et des jeux de mots pour épater la galerie :

Ami des parents érudit :

— Vous avez entendu parler du syndrome de Stendhal [1] ?

Moi :

— Oui ! C'est quand on confond le rouge et le noir !

1. Maladie qui provoque des accélérations cardiaques et des hallucinations chez certaines personnes exposées à une surcharge d'œuvres d'art. Ça ne m'arrive pas souvent…

Ami des parents divertissant :

— Vous pensez quoi de Bouvard ?

Moi :

— Je trouve qu'il a pris la grosse tête, depuis qu'il est ami avec Pécuchet.

C'était souvent un flop mais je me sentais cultivée.

En revanche, à la question « Tu lis quoi en ce moment, Pénélope ? »… je piquais un fard et je me levais pour débarrasser. Une vraie petite fille modèle.

J'aimais beaucoup de choses mais rien ne m'excitait.

Je m'ennuyais vite. J'adorais savoir sans prendre la peine d'apprendre et connaître un peu sur tout, plutôt que tout sur peu. *Compliqué.* Mon réel domaine d'expertise, c'était l'approximation.

À la fin de l'an 15, quand il a fallu choisir une section pour mes deux dernières années de lycée, j'en ai parlé à BN.

Lui, au moins, il sait être objectif :

— *BN, rassure-moi, je ne suis pas une scientifique, on est d'accord ?*

— *Disons que… non, t'as clairement pas la science infuse.*

— *Tant mieux. L'économie alors, peut-être ?*

— *Peut-être. Il y a un sujet d'éco qui te démange ?*

— Justement oui ! Pourquoi la France ne gratte pas à la Banque centrale européenne autant de billets qu'il lui faut pour rembourser ses dettes ? C'est que du papier, non ?

— Certes… On va éliminer la filière éco, hein, c'est mieux pour tout le monde.

— Mais il reste que la section littéraire !

— Et alors ?

— J'aime pas lire !

— Mais tu connais des centaines de noms d'écrivains et de titres de romans !

— Mais non BN, c'est du vent ! Je tire toujours la chasse avant de finir la 4e de couverture.

— Péné, tu ne lis pas, tu crois que le monde a commencé à ta naissance et tu penses qu'il suffit d'imprimer le dessin d'un pont sur du papier pour relancer l'économie. Qu'est-ce que tu veux que j'te dise ?

— Je suis paumée.

— Non, tu n'es juste pas finie.

— C'est la même chose.

— Qu'est-ce que t'as envie de faire ?

— Raconter des histoires, mais il paraît que c'est pas un métier.

— C'est pas complètement faux.

— Et si un enfant a d'autres rêves que ceux dictés par la société ? S'il a de plus grandes aspirations ?

— Depuis quand tu cites Superman ?

— C'est pas Superman, c'est Jor-El, son père.

Consciente que j'allais finir dernière de classe, je suis entrée en première Littéraire et je me suis forcée à lire… les *Profils* de toutes les œuvres au programme.

J'ai eu mon bac, *mention Assez Bien*, grâce au sport et à l'anglais, avec l'intime conviction qu'un jour je raconterais des histoires.

4

La dictature de la langue

Si je n'aimais pas lire, si j'ai performé aux barres parallèles pour avoir une mention au bac et si je confonds encore Balzac et Zola, j'ai toujours eu beaucoup de respect pour la langue française.

Je suis même devenue une tarée de la grammaire, et plus particulièrement une nazie de la formule. *Appelez-moi ~~SS~~ P.P.*

Si j'étais présidente, je nommerais un ministre de la Langue française, chargé de couper les cordes vocales des habitués du « des fois », du « par contre », du « sur Paris » et du « au jour d'aujourd'hui ».

J'imposerais une lourde taxe à tous ceux qui confondent euphémisme et pléonasme, qui défendent le genre féminin de l'oxymore, qui pensent qu'un mot-valise est facile à porter et que l'hyperbole est une histoire de chance.

J'enseignerais le français intelligent dans les écoles. Les professeurs titularisés n'auraient plus besoin du CAPES mais d'un simple mot de leur psychanalyste stipulant qu'ils sont aptes à donner à nos futurs artisans, dirigeants, artistes et entrepreneurs la dose de confiance nécessaire dont ils ont besoin pour entrer dans la vie active.

Car non.

Moi, présidente, je ne tolérerais pas que plus de quatre millions de Français disent :

« Je suis au chômage » plutôt que « Je prends du temps pour moi ».

Moi, présidente, j'imposerai à nos futurs entrepreneurs qu'ils répondent en entretien :

« Je sais gérer des budgets, j'ai fréquemment mon banquier au téléphone ». Plutôt que « Je n'ai jamais géré de budgets ».

Moi, présidente, j'exigerai que nos futurs patrons affirment :

« J'aime fédérer et faire évoluer mon entourage, j'ai fait cinq ans de basket ». Plutôt que « Je n'ai jamais managé ».

Moi, présidente, je ferai en sorte, enfin, que les plus grands penseurs de ce XXIe siècle réussissent leurs entretiens en formulant correctement leurs questions :

« Combien de fois aurai-je la profonde tristesse de ne pas être invité aux réunions ? » remplacera la classique « De combien de RTT et congés payés bénéficierai-je ? »

Moi, présidente, je militerai pour que nos étudiants ne soient plus sans le sou :

Dire « Je suis prêt à prendre cette mission simplement parce que j'ai besoin d'argent » ne sera plus toléré. « Vous n'imaginez pas à quel point je suis flatté que vous ayez pensé à moi » seront leurs paroles.

Moi, présidente, j'infligerai des sanctions à celles qui prétendent être « nulle à chier ». Parce que *même si l'expression est très chic,* elle est nulle à chier. Au lieu de dire des insanités, on travaille et on sera bonne.

Moi, présidente, j'amputerai le cerveau de toutes celles et ceux qui affirment : « Je ne vais pas lui plaire » au lieu de se demander « Va-t-il me plaire ? ».

Et enfin, moi, présidente, je résilierai tous les abonnements Internet de ceux et celles qui rompent par texto, WhatsApp ou pire, qui ghostent [1].

Les mots sont notre richesse. Qu'ils nous enrichissent !

Rime riche.

— *T'y vas pas un peu fort, là, Péné ?*

— *Ah zut ! Tu crois ?*

— *Je sais pas...*

— *Sois sûr de toi, et on en reparle.*

1. Je ghoste. Tu ghostes. Il ghoste.

5

La pénélopade

Si l'épisode de la calculatrice m'a mis le pied à l'étrier, je dois admettre que depuis que je suis minus, j'ai reçu une formation intensive à *la pénélopade.*

Moi :
— Maman, je n'y arrive plus, je laisse tomber !
Maman :
— Quand on veut, on peut, Pépé !
Moi :
— C'est quand les vacances ?
Papa :
— Work hard, play hard, ma fille.
Moi :
— Pas mal mon bulletin de notes, hein ?
Dodo :
— Tu peux faire mieux, Pépé.
Moi :
— Ils font exprès d'être aussi chiants, tu penses ?

BN :
— Oui PP.

Nom commun, féminin.

1. La pénélopade est un super-pouvoir qui consiste à obtenir, par usure ou dépassement de soi, quelque chose d'a priori impossible à avoir, mais que l'on désire plus que tout.

La pénélopade a été acquise par Pénélope Bœuf, au terme d'un lavage de cerveau orchestré par les membres de sa famille.

L'utilisation de ce pouvoir magique est simple. Il s'agit d'insister, d'insister et d'insister sans jamais lâcher jusqu'à obtenir ce que l'on veut.

Ex. Faire exploser son podcast sans faire de pub, vendre une piscine à quelqu'un qui ne sait pas nager, obtenir un oui après qu'on nous a dit non, trouver un job sans passer d'entretien…

2. La pénélopade est un super-pouvoir qui peut s'acquérir à n'importe quel âge, sans date de péremption, et peut s'utiliser dans tous les pays du monde.

Évidemment, la pénélopade se décline et fonctionne avec tous les prénoms, sans exception.

Ex. : pierrade, jérémiade, marinade, capucinade, sérénade, olympiade…

C'est en l'an 18 que j'ai, pour la première fois, endossé ma cape de Super-Péné, pris possession de mon pouvoir magique et activé la pénélopade, partout où j'allais.

6

Le paradis perdu

Nulle part. Nulle part je n'ai trouvé un grimoire avec les conditions d'utilisation de ce super-pouvoir, le nombre de pénélopades autorisées et, information qui m'aurait été bien utile, ses limites. J'y allais à l'aveugle.

La première vraie pénélopade m'a marquée.

Comme toutes les autres qui ont suivi, je l'ai inscrite dans mon super-cahier que j'ai dû commencer pour transmettre aux futures générations les best practices de la pénélopade.

Il m'arrive de le lire pour reprendre des forces, et ça me requinque net. Certains préfèrent se repasser la scène mythique de *Rasta Rocket*[1], d'autres ont l'appétit coupé.

---

1. « Tu vois quoi dans le miroir ? — Je vois un homme fier, fort, un homme qui peut être très très méchant quand il a la haine et qu'il n'accepte pas qu'on lui marche sur les pieds ! »

Moi, feuilleter mon super-cahier en mangeant de la Häagen-Dazs Cookie Dough, ça me rebooste.

Sur la centaine de pénélopades répertoriées dans mon super-cahier, que j'ai appelé *SUP-KA*[1], celle que je m'apprête à raconter, la toute première, m'a permis de poser une première condition à l'utilisation de mon pouvoir :

NE PAS UTILISER LA PÉNÉLOPADE POUR LE SEUL GOÛT DU CHALLENGE.

Tout a commencé à la sortie du bac, en l'an 18. Je pouvais tout faire. Je n'avais qu'à choisir. *Y a pas un menu imposé, plutôt ?*

Pour me décider, j'ai listé mes films préférés : *Douze hommes en colère*, *Au nom du père*, *L'Évadé d'Alcatraz*, *Papillon*, *Les Affranchis*, *Midnight Express*…

Et la lumière fut.

Du droit ! Je vais faire du droit pour prendre la relève d'Ally McBeal. Façon année 18. Je superviserai une équipe qui sera à ma merci. Un collaborateur tuera ceux qui ne méritent pas de vivre. Un autre découpera les corps. Un troisième cachera les morceaux. Enfin, un dernier enverra aux familles

1. Pour super-cahier, vous l'aurez compris.

l'index de leur défunt (parent, femme ou ami), dans une boîte Cartier.

Si je fais du droit, c'est uniquement pour faire appliquer la loi.

Ma loi.

Sans *trop* tricher, je réussis ma première année 10/20 mais, même avec mon poly sur les genoux, j'arrive à redoubler ma deuxième année 6/20. Les dictées me manquent.

C'est ma première défaite scolaire. Je suis au bout du rouleau. Pour une fois, j'ai envie d'alcool. Enfin, non. Des effets de l'alcool. J'ai envie de boire sale. Me saouler la tronche, me torcher, me mettre une race. Enchaîner les shots de B-52 et avoir les doigts qui collent. Râler auprès du barman parce qu'ils ont coupé l'alcool avec de l'eau, lever mon tee-shirt pour montrer mes seins au premier venu et en avoir rien à foutre. J'ai envie de me mettre la tête à l'envers et de vomir dans un Uber. J'ai sévèrement besoin d'oublier.

Direction le Quartier latin ! Le vrai.

Pas les toilettes de mes parents.

Je commence par un gin tonic et une crêpe Suzette. Mon Dieu ce que ça me dégoûte !

Mais manger alcoolisé, c'est à moitié tricher. Le « gin to » me fait tourner la tête. Et elle tourne vite, très vite, tellement vite que je me retrouve nez à nez avec mon voisin de comptoir.

Il est assez beau. Vieux, mais assez beau. J'ai envie de lui rouler des pelles, mais je sens qu'il a envie de parler.

C'est pas gagné cette affaire. Il va falloir du temps avant que nos lèvres se matchent. Alors je fais semblant de l'écouter. *Il a des yeux assez ouf, quand même. Il a quel âge ce type ? 35 ? 40 ? Il aime les jeunettes, on dirait. Ou je me fais des films, peut-être ?*

Bon, ça va maintenant ! Il s'arrête quand ? Il en a pas marre de parler ? Ça commence à faire long pour un patin. Et en plus, il me vouvoie.

— … Je suis directeur des Ateliers de Sèvres.

S'il continue, je me ca…

— Attendez, quoi ? Vous avez dit quoi ?

— Je suis le directeur des Ateliers de Sèvres [1].

Cette école, j'en ai toujours rêvé. En secret. Parce que je ne suis pas une artiste. Il paraît. Même si moi je crois que si.

Aux Ateliers de Sèvres, on imagine, on crée et on invente toute la journée, c'est ça, ce qu'on y fait. Et c'est ça, ce que je veux faire. C'est déjà un peu ça que je fais, dans ma tête, au quotidien. Donc je saurai faire. Il me faut cette école. Je suis même prête à faire

1. Formation préparatoire aux écoles d'art.

l'impasse d'une nuit avec ce vieux beau pour y entrer. Ou me sacrifier, si vraiment il insiste…

— *BN, pourquoi je n'y ai pas pensé plus tôt ?*

— *Peut-être parce que t'as les mains moites, que tu te contrefous des couchers de soleil et que t'aimes le turquoise ?*

— *Merci, BN. Heureusement que t'es là.*

— Monsieur, je veux entrer dans votre école. J'ai une année et demi de droit et une imagination débordante. En revanche, je ne suis pas manuelle du tout. Je ne comprends pas comment le bleu et le jaune peuvent donner du vert, j'épuise un stock incalculable de buvards, et j'en ai rien à foutre des paysages.

— Mademoiselle, les talents qu'on cherche ne sont pas des manuels mais des cerveaux créatifs qui racontent des histoires à travers leur art.

C'est moi !

— OK ! Comment on fait pour s'inscrire ?

Il sourit jaune. Sur un fond de ciel bleu, je deviens verte quand il répond :

— Ouh là, vous arrivez trop tard ! Les inscriptions sont closes depuis quinze jours.

Non. Il me faut cette école. Les fans d'Ally McBeal ne m'en voudront pas. La relève de Niki de Saint Phalle n'attend pas.

Je dois trouver un moyen de m'inscrire. Il y a bien un moyen ? Oui, il y a moyen.

Il y a toujours un moyen.

C'est le moment.

J'endosse ma super-cape, respire un grand coup et j'insiste :

— Siouplaît !

J'insiste encore.

— Je vous jure, vous n'allez pas le regretter.

Je continue d'insister.

— Vous imaginez ? Si je deviens une grande artiste, on dira que c'est grâce à vous !

Je ne lâche pas.

— Vous êtes le directeur, c'est vous qui pouvez faire bouger les lignes.

Je vais l'avoir.

— Je viens à l'horaire qui vous arrange.

Je tiens bon.

— Vous n'êtes pas curieux de savoir ce que je peux vous proposer ?

Je n'abandonne pas.

— On m'appelle la boîte à idées et je raconte les histoires mieux que Pierre Bellemare.

Je fais une pause.

Avant de reprendre.

— Vous savez quoi ? Accordez-moi ne serait-ce qu'un quart d'heure. C'est quoi 3×5 minutes dans une vie ? Au pire, vous aurez perdu la moitié d'une moitié d'heure, au mieux vous aurez dégotté le génie de l'an 21 !

Il est coriace le salaud.

— Vous savez quoi, j'ai une idée. Chifoumi [1] ? Mais sans le puits !

— OK, OK, OK, OK ! STOP ! J'en peux plus, vous m'avez épuisé ! Je vous ouvre un créneau. Venez dans deux semaines à l'école et présentez-moi une œuvre. Ce que vous voulez.

— Sur quel thème ?

— Le thème de votre choix.

Ça a marchéééééééééé ! La pénélopade a marché !

1. Note pour ma mère : Maman, le chifoumi, c'est comme pierre-feuille-ciseaux, mais c'est plus stylé de dire chifoumi.

Le seul truc c'est qu'il m'a donné carte blanche, et la carte blanche c'est quand même beaucoup moins excitant que la green card.

D'un coup, je blêmis. Comment je vais faire ? Je vais m'éparpiller. Je le sais, je me connais. J'ai trop de choses à raconter.

Je ne sais rien faire. Je vais me planter. Et puis je n'ai rien à revendiquer. Je ne suis pas militante. Je ne suis pas engagée. Je ne sais pas créer sur mesure. Qu'est-ce qui m'a pris ? Je divague comme une ablette étourdie [1]. Je ne suis pas une artiste.

— *BN, j'ai pas d'idées, là. Tu m'aides ?*

— *Pas maintenant, j'écoute Vanessa Paradis.*

— *Vanessa Paradis ? L'enfer !*

— *J'aime pas spécialement mais j'adore son nom.*

— *Son nom ? Paradis ? Oui, bon, c'est un peu un nom-arnaque* [2].

— *Un nom-arnaque ? Et le tien, alors ? Parce que t'aimes la viande rouge, toi, peut-être ?*

— ...

— *Quoi ?*

— *BN, t'es un génie. Merci !*

1. Si vous avez la référence, je vous épouse sur-le-champ. Il paraît que ça se fait beaucoup de se marier sur un coup de tête.

2. On espère que Christian Clavier sait se servir d'un ordinateur, que Laurent Delahousse dort avec une couette et que Léa Seydoux a la tête dure.

Évidemment. Je suis tellement hermétique au concept du paradis que ça m'inspire. Est-ce que ce n'est pas mille fois plus excitant de regarder un film sans avoir lu le synopsis ?

Je prends une feuille de papier Canson.

Je recouvre la feuille de cotons de toutes les couleurs pour apporter chaleur, douceur et confort à cet après-monde. *Penser à racheter du Demak'up pour Maman.*

C'est un espace réservé aux VGP, *Very Good People.*

Je découpe un V dans le *VSD*, un G dans le *Glamour* et un P dans le *Paris Match.*

Je colle ces lettres sur un rectangle en carton, que j'ai découpé au cutter dans une boîte à chaussures Louboutin. *Dodo va me défoncer.* Ce sera la porte du paradis.

Pour symboliser l'enfer, j'agrafe aux quatre coins de la feuille des vieux mégots que j'ai récupérés dans le cendrier du salon.

Je plante dans chacun de ces mégots un fil de fer que j'enroule de papier bulle pour représenter la fumée. On n'y voit que du feu.

C'est carrément bluffant.

Je fabrique des fils bariolés avec des attaches de sachets de conservation pour délimiter les deux univers et je mets mon empreinte en bas à droite en trempant mon pouce moite dans du sucre de barbe à papa et j'intitule mon œuvre :

PARADEASY. Le pays où la vie est facile.

Je passe quatre jours dessus. Matin, midi, soir. Ça me palpite.

Si je suis complètement objective, mon œuvre est… ~~dégueulasse~~ saisissante.

Je me repasse en boucle la phrase du vieux beau :

« Les talents que nous cherchons ne sont pas des manuels, mais des cerveaux créatifs qui racontent des histoires à travers leur art. »

J'ai toutes mes chances.

Une semaine avant ce rendez-vous arrangé, je vais à mon dernier cours de théâtre amateur de l'année. Dans le groupe, il y a Dora, une fille à qui j'adore donner la réplique parce que c'est une artiste, une vraie. Elle fait des plans à trois, mange son sandwich Dieppois dans le métro et fait du dog-sitting pour arrondir ses fins de mois.

Elle transpire la liberté. *Je veux son déo.*

Je lui raconte ma pénélopade pour qu'elle me rassure, pour qu'elle me dise que ça va bien se passer, qu'il faut que je me fasse confiance et que si ça ne marche pas c'est que ce n'était pas le moment.

Plus j'avance dans mon récit, plus je vois son visage se dé-com-po-ser. J'ai l'impression d'être Picasso face à Dora Maar.

Quand je termine mon histoire par « j'ai tellement peur », Dora n'a pas la réaction que j'espérais. Elle est en larmes et elle me lâche :

— T'as tellement de chance, Pénouche. Moi aussi j'ai voulu m'inscrire mais je m'y suis prise à la dernière minute. C'était trop tard. Alors, j'ai fait le pied de grue en bas des Ateliers de Sèvres tous les soirs de la semaine dernière pour croiser le directeur et le supplier de me recevoir, mais je ne l'ai jamais vu. Je lui ai envoyé une lettre aussi. Il n'y a jamais répondu. J'ai même bossé l'œuvre que je comptais lui présenter à l'entretien. Elle est prête. C'est une grosse boule en sucre noir, à l'intérieur de laquelle j'ai mis une bougie chauffe-plat qui, quand on l'allume, fait…

— *BN, je lui ai volé sa place.*

— *N'importe quoi ! T'as rien volé du tout ! Tu ne savais même pas qu'elle voulait s'inscrire ! T'as réussi à décrocher un rendez-vous, et pas elle. C'est tout.*

— *Mais, c'est elle l'artiste !*

— *Parce qu'elle s'en fout qu'on la regarde bouffer dans le métro ?*

— *BN, j'ai peur.*

— *De ?*

— *Que le directeur des Ateliers de Sèvres soit affligé par mon* Paradeasy.

— *Et si, au contraire, il le trouve génial ?*

— *… Je crois que je ne serai pas prête non plus. Si j'arrête le droit pour faire de l'art, je vais devenir quoi ?*

— *Artiste.*

— *T'es ouf ou quoi !? T'as pensé à mes parents ? Ils vont réagir comment ? Et comment je vais gagner de l'argent ? J'ai les mains moites, BN. Tu sais bien que je ne peux pas tenir un crayon plus d'une heure en plein été sans qu'il me glisse des doigts et je m'en fous d'aller sur un rooftop. Quel artiste s'en fout des vues ?*

— Pénélope, tu te trouves des excuses, là.

— Non, je ne suis juste pas prête.

— Dora, je te donne ma place. Prends mon créneau. Tu dis au directeur que tu viens de ma part. Je suis sûre qu'il ne dira rien. Et en plus, tu verras, il est canon.

J'ai vu les yeux de Dora. C'étaient ceux d'une exploratrice qui venait de faire la plus belle découverte de sa vie. Illuminée.

Elle refuse ma proposition. J'insiste. Elle refuse. J'insiste encore. Elle refuse. Je la convaincs. Elle accepte.

Elle est allée à l'entretien. Elle a été prise.

Et pendant qu'elle imaginait, inventait et créait toute la journée, moi je dissertais sur des arrêts de la Cour de cassation et apprenais le Code civil par cœur.

Au passage, j'ai quand même perdu une folle nuit de sexe avec un vieux beau. Pour rien. Et ça, je le regrette.

7

La comédienne

Raconteuse d'histoires, donneuse d'idées… et star de cinéma.

À part BN, personne ne savait que je rêvais de devenir actrice. J'en parlais pas. On me disait trop souvent d'arrêter de faire mon cinéma pour me prendre au sérieux.

Mais j'étais prête à tout pour y arriver.

Et puis quand même, j'avais déjà le nom.

Avec l'épisode des Ateliers de Sèvres, j'avais grillé ma carte pour le 3e art. Je ne voulais pas gâcher celle du 7e.

Et si, en parallèle de ma deuxième deuxième année de droit, je prenais des cours de théâtre pro ?

Je sais déjà lesquels je veux. Je veux ceux du professeur le plus médiatisé du moment : Oscar Sisto [1].

---

1. Professeur de théâtre de la *Star Academy*, qui ressemble étrangement à Bill, du jeu « Qui est-ce ? ».

Les extraits qu'on voit de lui à la télévision en train de hurler sur ses élèves me plaisent. J'ai toujours su que j'avais des prédispositions au syndrome de Stockholm. J'adore cette ville.

Les cours coûtent une fortune. Mes parents sont sceptiques. Ils veulent être rassurés.

— Je ne serai jamais une grande avocate si je ne suis pas à l'aise en plaidoirie ! J'ai besoin d'une formation de prise de parole en public.

— Trouve autre chose, Pénélope.

Ça sent le vinaigre.

— OK. Je vous promets de passer en licence si je prends ces cours.

Et ça fait mouche.

Ils acceptent de m'inscrire pour un semestre. *Hold-up.*

On est en l'an 22.

Rien que le papier d'inscription fait rêver.

« *À l'issue de ce stage intensif, tous les élèves participeront au spectacle de fin d'année. Agents, producteurs et directeurs de théâtre seront présents.* »

Tous les matins, pendant cinq heures, j'apprends à jouer la comédie. L'après-midi, je planche sur des cas pratiques de droit civil.

Les autres élèves, eux, dédient 100 % de leur temps aux planches. Cours le matin, répétitions l'après-midi et castings en fin de journée. Pour financer leurs cours, certains travaillent dans un bar et répètent la nuit.

La nuit, moi, je dors.

On est quinze élèves. Je suis l'intruse. Je n'ai pas de potes.

On m'appelle *la fille à la balafre.*

Oscar non plus ne m'aime pas. Sur le plateau, quand je répète ma scène de Shakespeare, il dit que je ne suis pas impliquée :

Sauf que je n'arrive pas à jouir comme les femmes du XVe siècle ; faudrait déjà que j'arrive à jouir tout court.

Il y aurait pas un rôle de pirate, plutôt ?

Je m'accroche, sans pour autant lâcher mes cours de droit, c'est le deal.

Comme personne ne veut me donner la réplique, je demande à Dodo de me faire répéter. Elle sait faire. Elle a été figurante dans *Crossing to Freedom*, un téléfilm avec Peter O'Toole, quand elle avait 7 ans. Elle avait une scène. Une seule. Elle jouait une enfant qui vomit [1].

Quand les autres comédiens passent des heures au marché Saint-Pierre pour se confectionner un costume, j'apprends la loi des administrations publiques. Y a de tout dans le dressing de ma mère. Je trouverai bien une robe pour mon rôle de la vieille commère de Windsor, in extremis.

---

1. Dispo sur YouTube.

Au fond de moi, je sais que je ne suis pas câblée pour réussir et mon année et ma pièce. C'est trop. J'ai les fils qui se touchent.

Tripler ma deuxième année ou avoir un trou noir devant des centaines de professionnels, j'hésite. *Je vais revoir* Le Choix de Sophie, *tiens.*

La veille du spectacle, je maîtrise mieux le Code civil que mon personnage. Je peux clamer l'article 1384 en verlan, en javanais et en faisant l'amour.

Les répliques de Shakespeare, en revanche, je ne peux les dire que si quelqu'un me les souffle de derrière le rideau.

Ce jour-là, Oscar nous réunit tous dans le bar du coin.

— Je voulais vous remercier pour le travail fourni pendant ces six derniers mois. Vous avez été incroyables, vous êtes des talents et beaucoup d'entre vous ont un bel avenir dans le spectacle vivant. Je vais vous appeler, chacun à votre tour, et vous donner votre horaire de passage. Pour les têtes en l'air, je scotche les informations sur cette grande affiche. N'hésitez pas à la consulter avant de rentrer chez vous.

Oscar appelle aléatoirement les comédiens par leur prénom. Certains râlent de passer en premier, d'autres se plaignent de jouer en dernier. Moi, j'attends religieusement.

Je n'entends pas mon nom. Il ne m'a pas citée.

Quand tout le monde se précipite au bar pour commander un mojito, je m'approche de la feuille A3.

Je pointe mon doigt sur le premier nom, et le fais glisser vers le bas pour repérer BŒUF.

— *BN, je ne suis pas sur la liste.*

— *Mais si, t'as mal lu ! Recommence !*

— *Je te dis que je n'y suis pas ! Il n'y a que quatorze noms d'inscrits.*

— *Et vous êtes combien ?*

— *Quinze.*

Je refais glisser mon doigt en lisant chaque nom, syllabe après syllabe comme si j'apprenais à lire. Rien. Pas de Pénélope. Pas de Bœuf. Pas d'horaire.

— Oscar, vous m'avez oublié ?

— C'est toi qui t'es oubliée.

— Pardon ?

— Pénélope… Honnêtement, tu te sens prête ? Tu penses que tu t'es assez préparée pour monter sur scène devant un parterre de professionnels ?

— Mais oui !

— Moi, non. Si je ne t'ai pas mise au programme, c'est pour éviter que tu ne te ridiculises.

Je reste sans voix.

Il voit que je suis en reste.

— Oscar, ça fait six mois que j'alpague des gens dans le métro pour progresser en improvisation !

— On n'apprend pas Shakespeare en agressant les gens. Tu n'es pas prête.

— J'ai payé.

— Et c'est mon spectacle.

— Mais j'ai payé pour ce spectacle !

— OK Pénélope. Si tu nous joues ta scène, là, maintenant, tout de suite, dans ce bar, et que tu es au niveau, tu as le rôle.

— C'est une blague ? Oscar, pourquoi tu ne me dis ça que la veille ?

— Pénélope…

Je suis à court d'arguments.

— J'ai payé, je veux faire ce spectacle !!!

Il ne bouge pas. Il attend.
Je le regarde. J'ai d'un coup très chaud et très peur.
Je réalise que je ne sais même pas qui me donnera la réplique et que je n'ai toujours pas ma robe. Et c'est demain.
Il a raison. Je n'ai pas bossé.

La honte.

Je ne dis rien et je sors du bar la tête haute sous tous ces regards de comédiens affamés dont la moitié finira de toute façon par vendre des pop-corn dans un cinéma. Voilà.

Je n'ai plus jamais eu de nouvelles d'Oscar. J'ai fait une croix sur ma carrière d'actrice et je ne veux plus jamais entendre parler de Shakespeare.

J'ai eu mon DEUG de droit haut la main, 10/20, *je vais finir par l'avoir ma robe,* et pendant que certains signaient des contrats avec des agents, passaient des castings et réalisaient leurs rêves, je me suis inscrite pour une nouvelle année en fac de droit.

— *BN, je ne peux être ni mannequin, ni actrice, et je ne veux pas être avocate. Qu'est-ce que je vais devenir ?*
— *Réfléchis pas trop, va. Ça va venir.*
— *Je fais quoi en attendant que ça vienne ?*

— *Tu avances.*
— *Comment ?*
— *En faisant.*

8

Vietnam Blues

Après ma licence de droit que j'ai eu juste-juste en travaillant comme une barbare sans jamais rien comprendre, j'ai choisi dare-dare une voie rassurante, une sorte de bande d'arrêt d'urgence : l'école de commerce.

L'école de commerce c'est cette structure qui vous invite à faire des overdoses en open bar. À part ça, elle vous assure de choper tout Paris, vous envoie dans un pays exotique pendant huit mois et s'excuse d'avance de ne pas pouvoir vous fournir les compétences nécessaires pour trouver un job en sortant.

Mais c'est surtout la perspective de ne pas avoir à me poser de questions pendant dix-huit mois qui m'a fait me plonger dans un tunnel de révisions pendant tout un été.

J'ai passé les concours avec une aisance déconcertante. C'était si facile que le jour des résultats j'ai cru qu'ils s'étaient trompés : recalée de sept écoles. Acceptée dans une, mais… sur liste d'attente.

Vous êtes sûr que c'est pas l'inverse ?

Je suis 64e au classement. 64e sur liste d'attente. La der des der. Il n'y a pas de 65e. Le pire, c'est qu'il n'y a rien à faire.

J'irais bien péter les genoux des 63 candidats qui sont devant moi mais c'est vain, l'école est équipée de rampes pour handicapés.

Alors, j'attends.

Je m'inscris en maîtrise de droit, juste au cas où.

Le « cas où » de la raisonnable, le « cas où » fortement recommandé par mes parents, le « cas où » du deuxième rang, le « cas où » de la looseuse.

Je hais le « cas où ». J'aime quand c'est tranché, franc et définitif.

Il nous bouffe de l'énergie ce « cas où ». Depuis quand c'est confortable de s'asseoir entre deux chaises ? Qui s'enregistre en sélectionnant la place du milieu dans l'avion ? Personne.

Parce que personne n'aime l'eau tiède.

Et j'ai eu de la chance.

Un lundi, alors que je sors tout juste de la librairie juridique avec le Code du droit du travail dans les mains, je reçois le coup de fil de ma vie :

— Allô, mademoiselle Bœuf ?

— C'est moi.

— Ici Audencia, nous venons d'avoir un désistement de dernière minute. L'élève a préféré aller à HEC. *Really ?* Il y a une place pour vous dans notre école si vous voulez. Il faut que vous soyez à Nantes demain.

— *BN, pince-moi, je rêve !!!*

— …

— *Aïeeee ! Mais ça va pas la tête !*

Je prends un Möllky *pour me faire des potes*, des préservatifs *pour les orgies* et mon passeport *pour l'Erasmus.*

Arrivée le lendemain matin à Nantes, je suis reçue par l'administration :

— Bienvenue mademoiselle Bœuf. Merci de remplir cette feuille avec vos vœux.

— Mes vœux de ?

— De destinations pour l'année à l'étranger…

— Déjà ? Mais c'est pas dans un an le séjour au soleil ?

— … que vous choisirez en fonction de votre classement au concours d'entrée.

— C'est-à-dire ?

— Les mieux classés font leur choix de pays. Les derniers prennent ce qu'il reste.

Dernière sur liste d'attente.

— Et il me reste quoi ?

— Deux belles destinations.

— Vietnam ?

— Moins loin.

— Pékin ?

— Vous n'y êtes pas du tout. Vous avez le choix entre la Suisse…

— Lassuisse ?

C'est où ça ?

— Ou la Belgique. Voici la feuille à remplir pour demain.

Klootzak[1] *!*

C'est ça un Erasmus ?

C'est vivre dans un canton ? Côtoyer des gens avec un accent – même pas cantonais – et sentir la moule ?

---

1. Je vous laisse chercher. C'est du flamand, et c'est vulgaire.

Hors de question. Je préfère encore ma moule à celle des autres.

C'est mort. Je veux partir loin. Très loin. Assez loin pour pouvoir faire tout ce que je ne peux pas faire en France : manger des soupes de nouilles au p'tit déj, faire une overdose de riz blanc, trouver un amant de trente ans mon aîné, faire de la moto sans casque…

— *BN, je fais quoi ?*
— *Ose !*
— *Ose, quoi ?*
— *Dire non !*
— *Comment je fais ?*
— *Fais une pénélopade, t'es bête ou quoi !*
— *Mais j'ai pas la notice !*
— *C'est pas moi qui vais t'aider.*

Si j'étais inconsciente, je me rebellerais. Je ne cocherais rien. Je barrerais ces deux pays et j'écrirais VIETNAM en gros, au stylo rouge. Juste pour qu'ils réalisent que c'est du foutage de gueule leur Erasmus.

— *Bon, on va pas y passer la nuit, Péné !*
— *Mais BN, ça sert à quoi ?*
— *Tu me saoules. Tu sais quoi ? T'as raison. Fais rien.*

Je prends un stylo rouge.
Je raye Suisse.

Je raye Belgique.
J'écris en majuscule : VIETNAM !

— *Voilà, c'est fait. Et maintenant ?*
— *Rien. Fais ta vie.*

Tandis que j'attends de me faire convoquer dans le bureau du directeur pour impertinence, mes potes intelligents, eux, partent à Miami.

Je crève de jalousie.

Ils parlent de surf, de Florida Keys, et de Bahamas pour leurs week-ends.

Pendant ce temps-là, je lis le *Guide du Routard Bruxelles* et regarde des tutos pour apprendre à fabriquer de la dynamite avec de l'Ovomaltine.

— *BN, j'ai merdé. J'aurais pas dû. Je vais me faire virer.*

— *Ce serait presque mieux que d'aller en Suisse, franchement !*

Une semaine et une étude de marché sur les chocolats *made in Switzerland* plus tard, je suis appelée dans le bureau du directeur :

— Mademoiselle Bœuf, je vous ai convoquée car vous êtes sacrément culottée.

— Pardon ?

— Aucun élève n'a jamais fait ça, et pourtant j'en ai croisé des rigolos qui se croyaient tout permis.

— Pardon monsieur, mais envoyer des élèves en Belgique pour un Erasmus c'est comme faire une pyjama party habillée. Ça gâche tout. Autant rester chez soi. Le système académique me dégoûte.

— Mademoiselle, vous réalisez la chance que vous avez ?

— De partir en Belgique ? Ou de partir en Suisse ?

— Beaucoup d'élèves rêveraient d'être à votre place.

— J'en ai rien à foutre des autres !

— Vous devriez. Ça vous aiderait à apprécier ce que vous avez.

— J'ai travaillé dur.

— Comme tous nos élèves. Bon, écoutez, personne ne vous reprochera jamais de tenter. L'audace est ce qui manque le plus à nos jeunes diplômés. C'est pour cette raison qu'on a décidé d'entamer une collaboration avec le Vietnam. Vous nous avez mis le pied à l'étrier.

— C'est-à-dire ?

— Que vous pouvez préparer vos bagages, vous partez à Saigon.

Troi oi[1] *!*

Si j'avais su que c'était si facile, j'aurais barré Audencia sur ma feuille d'examen pour écrire HEC.

1. Je vous laisse chercher. C'est en vietnamien et c'est un blasphème.

Je suis partie à Saigon, seule, avec mon sac sur le dos, pendant six mois.

Mes potes intelligents, eux, s'étaient un peu emballés. Ils avaient coché *Miami* sans lire l'astérisque : *Miami University, in the Ohio State.*

Je me disais bien qu'il y avait une erreur dans les classements de ce concours.

— *BN, je suis pas un peu une arnaqueuse, là quand même ?*

— *Non. Ça s'appelle avoir du culot.*

9

Coup de Boyle

Ça y est. Les dix-huit mois au chaud sans me poser de questions sur mon avenir arrivent à leur fin. J'ai rogné sur le temps que j'avais pour chercher un stage. Je suis restée deux mois de plus dans les rizières. *Accident de moto, longue histoire*[1]. Il me reste vingt-cinq jours pour signer une convention de stage. Easy. Je vais copier une lettre de motivation trouvée sur Google, la coller dans tous mes e-mails en faisant gaffe à changer le nom du destinataire, et ça va être réglé.

— *Tu vas faire ton stage chez qui, Péné ?*
— *J'ai pas plus d'idées qu'à 18 ans, BN.*
— *En cosmétiques ?*
— *Je me maquille jamais.*
— *Industrie pharmaceutique ?*
— *Je suis jamais malade.*

---

1. Cf. tome 4.

— *Dans la mode ? Non. Le divertissement ?*
— *Pas bête.*
— *Et pourquoi pas bibliothécaire, tiens ?*
— *Très drôle.*

Et si je trouvais un stage dans le cinéma ? Ce serait l'occasion de fouler le tapis rouge, de me repoudrer le nez gratos et de croiser Leonardo.

En plus, j'ai le profil idéal.

Détentrice de la carte UGC, collectionneuse de DVD, je regarde tous les films en VO, je vis les love stories par procuration et j'ai pris des cours de théâtre avec une star.

Personne n'a à savoir que je confonds Michael Keaton avec Julien Lepers, que je trouve *Usual Suspects* surcoté et que *La Cité de la peur*, *Les Bronzés* et *Le Dîner de cons* ne me font pas rire.

Je vais être prise, c'est sûr.

Deux jours après avoir envoyé mon CV, repassé dans les mains de Dodo maintenant directrice marketing, j'ai un entretien le mercredi qui suit, chez un distributeur de film, avec le directeur des Nouveaux Médias.

Je masterise le début de l'entretien :

— Que vous ont apporté vos études de droit ?

— Énormément. Je suis enfin persuadée que je ne tuerai jamais personne.

— Comment êtes-vous revenue après dix mois au Vietnam ?

— En avion.

— Pourquoi autant de sport ?

— Pour manger plus.

Et puis, ça se corse :

— Pouvez-vous me citer un film de Danny Boyle ?

— Danny Boyle ? Danny BOYLE ? Vous êtes sûr que vous ne voulez pas dire Dany Boon ?

— Hum…

— Euh… Boyle, je… je ne pense pas que ce soit ma génération. Je n'ai jamais entendu parler de lui.

— Merci, on vous rappellera.

Je sors de l'entretien dépitée. *C'est qui ce Danny Boyle ?*

En longeant les Champs-Élysées sur le chemin du retour, je remarque sur les quatre cinémas de l'avenue cette même grande affiche de film qui est LA sortie de la semaine.

L'image est jaune, elle ressort plus que les autres. On ne peut pas la rater. Le titre est tellement énorme que je mets des lunettes de soleil pour me protéger les yeux.

Titre : SUNSHINE
Réalisateur : Danny Boyle
Distributeur : Century Fox

Et merde.

En même temps, j'ai autant bossé l'entretien que j'avais répété ma pièce de Shakespeare.

— *BN, qu'est-ce que je vais devenir ? Je n'ai pas le temps de trouver un autre stage et l'école me fout la pression.*

— *Quoi, ça y est ? T'abandonnes ?*

— *De quoi tu parles ? Century Fox ? Mais ils vont pas me prendre, j'ai pas été foutue de lire un panneau !*

— *Donc tu lâches ?*

— *Mais c'est trop tard, de toute façon !*

— *C'était trop tard pour la calculatrice de ta mère ?*

— *Rien à voir.*

— *Pénélope.*

— *Quoi ?*

— *C'est jamais trop tard tant qu'on ne t'a pas dit non.*

— *T'as lu ça où ?*

— *Nulle part. J'écoute ce que dit ta mère. Alors, enfile ta cape, arrête de te plaindre et fais-nous une pénélopade.*

J'ouvre mon ordinateur, fais des recherches sur internet et le lendemain matin, j'envoie :

Cher Monsieur,

Je vous remercie de m'avoir reçue dans vos magnifiques bureaux hier matin.

Si j'ai eu l'air de ne pas connaître Danny Boyle c'est parce que je le connais tellement que ça m'a mise mal à l'aise.

Danny Boyle est devenu célèbre grâce à des films que tout le monde a vu sans savoir qu'il en était le réalisateur. Nous savons trop que pour le grand public, ce sont les acteurs qui font un film.

*C'est grâce à Danny Boyle que j'ai fermé à clé, pendant dix mois, ma porte de chambre au Vietnam, au cas où mes colocataires aient des déviances (*Petits meurtres entre amis*).*

*C'est inspirée par Danny que je suis allée en Thaïlande faire la Full Moon Party sur l'île de Koh Phi Phi (*La Plage*), et c'est encore avec lui que j'ai su que* Midnight Express *n'était pas le seul film que j'adore regarder avec les mains devant les yeux (*28 jours plus tard*).*

Et enfin, quand j'allume ma kettle et entends l'eau qui bout, c'est évidemment à Danny que je pense[1].

Avec Sunshine, *sorti hier, il s'essaye pour la première fois à la science-fiction. J'ai prévu d'aller voir le film ce soir, ma place est prise (et pourtant je déteste la sci-fi !).*

Monsieur, je regrette mon silence à cette question. Je suis d'habitude plutôt pipelette.

Je vous assure que je saurai gérer les projets que vous me confierez avec autant d'improvisation que j'ai géré mon road trip en Asie pendant dix mois.

Je saurai évidemment me rendre aussi indispensable que l'a été mon Code civil pendant quatre ans.

Et enfin, vous pouvez évidemment compter sur moi pour vous divertir pendant les pauses-cafés ; raconter des histoires est ce que je fais de mieux.

Merci de m'avoir lue avant de me déplacer dans la corbeille.

Cordialement,

Pénélope Bœuf

---

1. *To boil, boiled, boiled.*

Le lendemain matin.
Vous avez un nouveau message.

Chère Pénélope,

Merci pour ton e-mail.
Nous apprécions tes efforts, ton humour et ta maladresse.
Nous espérons que tu seras aussi pipelette que Charlie Chaplin pendant les heures de travail, aussi efficace que Morgan Freeman quand il s'agira de produire du contenu, et aussi pressée que Forrest Gump de venir travailler.

C'est avec plaisir que nous te confirmons que nous serions ravis et assez curieux de t'avoir dans nos équipes pour ce stage de six mois.

P.-S. : C'était moins une.

Cordialement,
D.

À moi le tapis rouge !

10

La translateuse

En six mois, je n'ai pas fait une avant-première, je n'ai même pas saigné du nez, et je n'ai pas non plus croisé ne serait-ce qu'un figurant de télé-réalité dans les couloirs.

À la fin de mon stage, on m'a gentiment remerciée pour ma joie de vivre et j'ai gagné deux nouvelles lignes sur mon CV. *Chouette.*

La partie *Études* est complétée. *Check.*

La section *Expériences* est créée. *Chèque.*

Au passage, j'ajoute à mon CV quelques informations cruciales qui peuvent faire la différence pour trouver un CDI :

– Collectionneuse des *Crados* pour prouver ma persévérance.

– Imbattable aux *7 familles* pour montrer ma compétitivité.

– Fan de films asiatiques parce que ça fait pointu et que personne n'y connaît rien.

En gros, en gras, j'ajoute mon lieu de naissance : **Londres, ANGLETERRE**. Je préfère rester discrète sur mon niveau d'anglais.

Je le fais relire par Dodo, qui valide.

Après trois semaines de recherches, mes parents sont plus inquiets de me récupérer dépitée de mes entretiens que de me voir traîner à la maison :

— Comment s'est passé ton entretien ?

— C'est mort. Je bloque toujours sur la même question.

— 7 × 8 ?

— Très drôle.

— Tes trois qualités ?

— … Non, on me demande toujours : *Si vous aviez une baguette magique, qu'est-ce que vous rêveriez de faire ?* Franchement, ils sont cons ou quoi ?! Si je savais, je serais déjà en train de le faire ! Ils croient vraiment que ça me fait marrer de vendre du tabac, de la lessive ou des shampoings ?

— Bon, on va t'aider.

Après trois coups de fil et un entretien de formalité pour vérifier que je suis bien la fille de mon père, je signe mon premier CDD de 18 mois : responsable communication du Drugstore Publicis.

Pour la première fois de ma vie, j'ai peur de ne pas être à la hauteur. Pour ne pas décevoir mon père, ni son piston, ni même le DG qui a fait une faveur au piston, je travaille comme si ma vie en dépendait.

On me donne des projets dans tous les sens mais la mission que je préfère c'est d'assister la responsable des dédicaces au sein même de la galerie commerçante. Je dois préparer le plan de communication, accueillir les auteurs et, après leur mini-conférence dans l'espace librairie, je dois draguer le public pour qu'il achète le livre. Ça, je sais le faire.

Sauf qu'un jour de l'an 25, la mission ne se passe pas comme prévu.

La veille d'une dédicace très attendue, la responsable m'envoie un message :

« *Hello Pénélope, je suis aphone. Je ne vais pas pouvoir présenter John Irving ni même traduire les questions pour la signature de demain. Peux-tu me remplacer vu que tu es née à Londres ? Merci de ton aide.* »

What ? Elle sait que j'ai commencé à parler français à 3 ans et anglais à 5 ? Elle sait que je ne sais dire que trois mots avec l'accent anglais (*water*, *literature* et *awesome* [1]) ? Elle sait que je n'ai jamais lu un bouquin de ma vie ?

Je vais m'humilier. Elle s'en rend compte de ça ?

Je suis in-ca-pable de traduire des questions du français à l'américain, en plus devant une cinquantaine d'intellectuels, surtout pour un livre que je n'ai

1. Woteu, létchetcheure, aousomme.

pas lu et qui, évidemment, n'a jamais été dans les toilettes de mes parents.

Comment je vais me sortir de ce traquenard ?

Le DG, le piston et mon père vont me tomber dessus. Il faut que je défonce la baraque.

— *BN, je fais comment ?*

— *Tu pourrais te casser la mâchoire, par exemple.*

— *Et je fais ça comment ?*

— *Avec un casse-noix ?*

— *Tu crois vraiment que j'ai un casse-noix chez moi ?*

— *Tu manges jamais de noix ?*

— *Si ! J'adore les noix ! Avec du sel c'est une tuerie.*

— *Bah alors t'as un casse-noix !*

— *Bah non. C'est vrai ça, quand est-ce que j'en mange des noix ? Chez les autres sûrement, mais…*

— *Attend, je sais ! Tu vas tomber malade.*

— *En douze heures ?*

— *Ça se tente.*

Je passe la soirée chez moi nue, les fenêtres ouvertes.

Je plonge la tête dans une bassine remplie de glaçons en forme d'ananas, et je recommence, toutes les cinq minutes. Je fume clope roulée sur clope mal roulée en alternant avec un shot de Get 27, *Beurk* je hurle des insanités dans mon oreiller pour m'abîmer la voix et je mange quelques-uns de mes cheveux pour choper toutes les saloperies de mon cuir chevelu.

Je finis par m'endormir en posant un sac de petits pois congelés sur chacun de mes pieds et je prie pour avoir 40 de fièvre au réveil.

Quand j'ouvre l'œil à 7 heures du matin, je ne sais pas où je suis. Si. Je suis chez moi. Mais… ? On m'a cambriolée pendant la nuit, putain ! Le voleur est passé par la fenêtre de ma chambre que j'ai laissée ouverte ! Il m'a droguée aussi. J'ai mal au crâne. Je ne me souviens plus de rien.

J'ai l'impression qu'il m'a fait avaler les cendres de ma grand-mère. Pourtant l'urne est toujours à sa place. Pourquoi j'ai la bouche en crématorium ? Et il a voulu se faire un riz cantonais le mec ou quoi ? Pourquoi il y a des petits pois au pied de mon lit ? Et pourquoi il me manque des cheveux ? C'est un nouveau business les cheveux blonds, raides et secs ?

— *Pénélope, calme-toi.*

— *Calme-moi ? Mais putain BN, la femme de ménage est passée hier !*

Le bruit d'un texto me fait sursauter :

« *Prête pour la dédicace, Pénélope ?* »

Et merde. Je l'avais oubliée celle-là. Je l'ai rêvé mon cambrioleur.

Je ne peux plus faire marche arrière alors j'y vais, à reculons.

— BN, j'ai peur.

— De quoi ?

— De me ridiculiser.

— Si t'étais seule avec John Irving sur une île déserte, tu le ferais ?

— Bah oui !

— Pourquoi ?

— Parce qu'on serait seuls !

— Alors imagine-toi sur une île déserte. On s'en fout des autres.

J'y suis allée, à reculons.

John arrive au rayon librairie :

— Hello Mister Irving, very nice to mit you. Aïe will be youre translator toudeille.

Les gens s'agglutinent pour l'écouter.

J'attaque la présentation en ~~anglais~~ yaourt.

Ma dernière phrase est à peine terminée qu'une dame lève la main :

— Mr Irving, quelle importance donnez-vous à la temporalité et à la bienséance ?

À la quoi ? Quelqu'un peut me traduire ça en français, s'il vous plaît ?

Et les questions s'enchaînent :

— Mr Irving, le roman est à la fiction ce que la prose est à…

Pouvez-vous reformuler la question, s'il vous plaît ?

— Mr Irving, le narrateur est-il un anti-héros ?

« Anti », c'est du latin, non ? On a dit traduction, bordel, pas version !

— Mr Irving, déguisement ou travestissement, qu'en pensez-vous ?

Euh… Pouvez-vous être plus précise ?

Je ne sais pas si je suis plus angoissée de ne pas savoir traduire les questions ou de croiser Maurice Lévy en tête à tête avec Arthur Sadoun en train d'acheter un sandwich au coin épicerie.

Quand j'arrive à bout du Q&A, j'invite le public à se faire dédicacer le livre de John et je reste derrière lui, debout, plus red que raide, à regarder mes engelures aux pieds à travers mes sandales.

La directrice de la librairie m'interrompt dans mon malaise :

— Tiens Pénélope, attrape une chaise, prends cette pile de livres et va t'asseoir à côté de l'auteur, s'il te plaît.

L'hémisphère droit de mon cerveau est paralysé. Je fais une tétanie post-choc. *Tetanipostchok, ça pourrait être la sœur de Kroutchinou, ça.*

Je capte l'information sans la connecter avec mes émotions. *Pauvre SIRI.* C'est mon hémisphère gauche, programmé en mode pilote automatique qui répond :

— D'a-cco-rd.

Je prends la pile de livres, la pose sur la table et m'assois à côté de John.

Soudain, la partie droite de ma tête me gratte. J'ai des fourmillements. Ça me démange. Qu'est-ce qu'il m'arrive ? Et pourquoi il y a une file de gens qui attend devant moi ? Et c'est qui, elle ? Pourquoi elle rigole ? C'est quoi ce livre à la couverture jaune et noire qu'elle me tend ? C'est pas moi l'auteure, elle a rien compris ou quoi ?

Pourquoi j'entends rien à ce qu'elle me dit ?

Pourquoi tout est flou ?

« *S'il vous plaît. Super. Pour ma fille. Bravo. Intervention. Signer. En anglais. Merci. S'il vous plaît.*

Courageuse. Mademoiselle. Vous m'entendez ? Allô ? Mademoiselle ? »

— Mademoiselle ?

— Euh… ou-oui-ouii ?

— Bravo pour votre intervention ! Je veux bien une dédicace ou un petit mot !

— Une dédi…

— *BN, je suis paumée !*

— *Regarde la couverture, bébête !*

Je prends le livre que la dame me tend. Je regarde la couverture. *L'Anglais pour les nuls.*

— C'est pour ma fille, elle déteste l'anglais. Je vais lui raconter votre intervention, et grâce à vous, je pense qu'elle n'aura plus jamais peur de parler anglais !

Je jette un coup d'œil derrière son épaule pour évaluer l'ampleur des dégâts. Je ne vois pas la fin de la queue. In-ter-mi-nable.

Clairement, j'ai vọlé la vedette à John. *Sorry John.* Et John ne sourit pas. *Souris John !*

Je reprends mes esprits.

— Avec plaisir, madame. En anglais ou en français, le petit mot ?

Super-Pénééééé !

11

Le casting radio

C'est génial les CDD. J'adore ça. C'est une sorte de machine à voyager dans le temps. À la fin de chaque mission, c'est comme si j'avais 18 ans, avec le petit cul en moins. Et maintenant, qu'est-ce que je vais faire ?

Ce coup-ci mes parents sont inquiets de me voir traînasser en pyjama à la maison. Ils croient que je suis dépressive. Alors que pas du tout. Je suis juste déprimée.

MSN occupe mes journées. J'adore tchater. *ASV.*

De temps en temps, pour me blanchir la conscience, je vais sur *Monster.fr*, *Cadremploi.fr* ou *Fashionjobs.com* mais il n'y a rien. Rien qui me fasse rêver.

Il y a toujours une mention sur le descriptif de poste qui me fait flipper. Maîtriser Excel, bilingue anglais, pas de Tickets Resto, rigoureux, Noisy-le-Sec…

Et un jour, je vois une offre de job dont la mission principale est de tchatcher :

WE WANT YOU !

Participez à un casting et devenez animateur-ice radio sur la matinale d'une grande radio rock !

— *BN, c'est génial, non ?*

— *Génial je sais pas, mais t'as rien à perdre.*

— *Et si je suis nulle ?*

— *Rôôô tu me saoules, Péné.*

— *Non, mais en vrai ?*

— *En vrai, évite de dire « en vrai » quand tu seras à l'antenne, s'il te plaît.*

Je m'inscris. Je ne suis pas la seule à y avoir pensé, on est deux mille à faire la queue. On a tous le même profil. Jeunes, dynamiques avec un physique de radio.

1re étape : Faire une chronique de trois minutes à l'antenne. Carte blanche. *Mauvais souvenir.*

Je décide de tailler un short aux hommes qui portent un sac à dos avec leur costume. C'est nul, je sais. En plus, je bafouille parce que je stresse de parler trop vite. Bizarrement, à la fin de ma chronique de 2 m 45 s, on me dit : « C'est bon pour nous ! » C'était short.

2e étape : Challenge culotté

On me défie d'aller demander dans la rue, équipée d'un micro-cravate, et en direct avec le studio, le numéro de téléphone d'un homme accompagné de sa petite amie.

J'enfile ma super-cape. J'aborde un type et sa copine en leur faisant croire que je suis directrice de casting et qu'il a le profil parfait du jeune premier pour un rôle de statue dans le parc Monceau.

Je repars avec son 06. Statut : validé.

3e étape : Défi au téléphone

Une auditrice est appelée en direct à l'antenne, je dois lui faire dire le mot « pétunia ». Je suis ignare en jardinerie. Je suis meilleure en chanson française. Je demande à l'auditrice qui est la chanteuse de « La gadoue ». J'ai de la chance, elle est inculte, mais pas complètement. *Pétunia Clark.*

« C'est bon pour nous ! »

4e et dernière étape : Blind test musical

J'ai une semaine pour préparer cette finale. Faut que je me blinde. Je suis nulle en quizz musical et j'y connais rien en musique. Je confonds Metallica et Rage Against the Machine et j'hésite toujours entre Red Hot Chili Peppers et les Rolling Stones.

Les seuls que je reconnais sans même les écouter c'est Nino Ferrer, Brassens et Souchon. *Merci Papa.* Et puis, ça me hurle dans les oreilles le rock, ça me rend vite sourde. Je vais devoir y aller à l'aveugle.

Le jour de la finale, je suis prise en sandwich entre mon adversaire Ben, à ma gauche, et l'animateur Jerry, à ma droite.

Jerry prend la température et nous demande comment on se sent. Je réponds que j'ai chaud. Mon concurrent, à l'air glacé, dit qu'il est chaud. On est parés pour le show.

Si la première musique ne me parle pas, elle inspire mon voisin.

0 – 1

L'animateur me donne un coup de coude. *Oups pardon !*

Ah mais non, je crois qu'il essaye de me dire quelque chose. Pourquoi il fait rouler ses yeux ? Je ne comprends pas. Il est bizarre, lui. Et pourquoi il dit « Pénélope » à toutes les phrases ? On dirait qu'il a des tics. Il n'arrête pas de cligner des yeux. Je comprends pourquoi il fait de la radio. Le pauvre.

Mon tee-shirt est trempé de stress. Je me bouche les oreilles à la deuxième musique. Ça hurle beaucoup trop pour moi. Ben sèche aussi.

Toujours 0 – 1

Jerry m'interpelle :

— Pénélope, qu'est-ce qu'il t'arrive ? Allez, on se reprend ! Je pensais que t'étais une machine de guerre ! Tu la veux cette finale ? Allez, on se bouge !

Ses tics reviennent en force. Je pense à Vincent Lindon. J'ai soudain envie de l'embrasser.

Sa tête fait des légers va-et-vient de haut en bas et ses yeux deviennent aussi gros que des calots. Il n'arrête pas de baisser le regard vers la table.

Qu'est-ce qu'il regarde ? C'est quoi cette feuille ? Et c'est quoi ces mots stabilotés en jaune ? Oh bordel ! Les réponses au quizz. Sous-mes-yeux. C'est pas censé être un blind test ?

Qu'est-ce qu'il fait, mais il est malade ! *Mais non, mais cache ton jeu Jerry, cache !* Je vois tout là ! Je vais pas pouvoir m'empêcher de regarder ! *Cache-les, s'il te plaît !* Et il dit rien mon adversaire ? Non mais c'est l'enfer ! Il le fait exprès ou il est négligent ? Je fais comment maintenant ? *S'il te plaît Jerry, cache les réponses, reprends la feuille, fais quelque chose !*

La troisième musique est beaucoup trop facile à deviner, je n'ai qu'à lire la réponse. Elle est sous mes yeux.

C'est pas très grave de tricher pour un point, si ? Personne n'en saura rien. C'est juste pour ne pas faire Fanny [1].

Tricher pour sauver l'honneur, ça va. J'ai le droit. Ouais, j'ai le droit, ça va. Il avait qu'à pas laisser traîner sa feuille, comme dirait *plus ou moins* NTM.

Je laisse passer quelques secondes pour simuler l'hésitation et je buzze !

— KORN !

1 – 1

Jerry hurle de joie :

— BRAVO PÉNÉLOPE ! ÇA Y EST T'ES REVENUE ! ALLEEEEZ ON NE LÂCHE PLUS ! GO GO GO !

Soit il est amoureux de moi soit il y a un truc qui m'échappe. Je regarde mon adversaire. Il est concentré, la tête entre les mains.

---

1. « Faire Fanny » : au XIXe siècle, une tradition voulait que le perdant au jeu de boules embrasse en effigie les fesses

Je regarde Jerry, qui me fixe. Ses yeux sont maintenant aussi gros que des balles de baseball. Il veut que je batte Ben.

C'est pipé ce concours ? C'est comme le catch, on sait d'avance qui va gagner ?

Le quatrième son me dit vaguement quelque chose mais j'hésite entre la musique de la pub Tefal ou un groupe de métal. Mes poils se hérissent.

Je garde la tête en arrière pour ne pas être tentée de tricher. Jerry me fait du coude, à nouveau.

Non, mais non, je ne peux pas tricher ! Arrête Jerry, arrête de me faire du coude, bordel ! Tu vas finir par attraper un tennis elbow et on dira que c'est de ma faute.

En même temps, c'est inespéré d'être animatrice sur la matinale. C'est le prime time, la matinale d'une radio. Ça va changer ma vie, c'est sûr. Je vais finir chroniqueuse à la télé, speakerine sur TF1, Miss Météo sur Canal +, voire même présentatrice du 20 heures !

— *C'est ça que tu veux faire, Péné ?*

— *J'en sais rien, c'est pas le sujet, BN ! Chut, je me concentre.*

---

nues d'une femme appelée Fanny s'il n'avait pas marqué de point. L'expression s'est étendue à d'autres jeux.

Embuée par mes fantasmes, je baisse la tête. Je lis le nom de groupe stabiloté en jaune. Je buzze.

2 – 1

— PÉNÉLOPE ! PÉNÉLOPE ! PÉNÉLOPE !

La honte.

C'est bon, j'ai évité Fanny. J'arrête, maintenant. Si je dois gagner, ce sera sans tricher.

Quand l'ingénieur du son se prépare à jouer le cinquième et dernier morceau, je ferme les yeux comme une enfant. Le nez froncé, les rides forcées, la bouche pincée. Et je me concentre.

— *Allez Pépé, trouve, trouve, trouve.*

— *BN, prie pour que ce soit « Mirza », « Les copains d'abord » ou « Allô Maman bobo » !*

— *Une peluche ne prie pas, Péné.*

— *C'est vraiment quand ça t'arrange, toi !*

La musique qui passe est pointue. Du métal pointu. Ça pique les tympans.

Mon adversaire a la réponse sur le bout de la langue. Il va donner le nom du groupe, il l'a, je le sens, il va le sortir !

Jerry fait monter la pression :

— Alors, personne ? Pénélope, tu ne trouves pas ? Rôôô, c'est facile pourtant ! T'as même pas une petite idée ? *Coup de coude.* Concentre-toi, tu vas l'avoir !

— *BN, tu ferais quoi si t'étais à ma place ?*
— *Je me grouillerais de tricher.*

J'ouvre les yeux. Mon cœur va exploser, mes joues sont brûlantes. *Qui veut des marshmallows grillés ?*

Je lis la réponse surlignée en jaune. Je buzze.

3 – 1

— Yallaaa ! PÉNÉLOPE EST NOTRE GRANDE GAGNANTE !

J'arrive pas à y croire. *Qui a payé ma victoire ??*

Je signe un contrat d'un an pour être animatrice sur la matinale d'une radio régionale. Le graal.

Je me lève tous les matins à 4 h 30 pour donner la météo et l'info trafic. C'est pratique quand on n'a pas le permis.

L'A3 est bouchée. Faites demi-tour !

Je travaille tous les jours jusqu'à 20 heures pour trouver du contenu à diffuser dans l'émission du lendemain.

Je n'ai plus de vie sociale, une hygiène de vie dégueulasse et je suis épuisée.

Le matin, quand le réveil sonne à l'aube, je m'allume une cigarette pour rester éveillée. Une fois sur deux je me rendors dessus et c'est la cendre qui, en tombant sur ma main, me rappelle à l'ordre.

Ash is the new snooze.

J'ai l'immense chance d'être payée 700 euros par mois.

Mes parents sont ravis de me verser un salaire en sus.

À l'antenne, quand je prends la parole, mon co-animateur se prend pour Fatal Bazooka.

Il approche sa grosse main de ma figure pour me faire taire.

J'ai envie de lui dire « tu me fais trop pitié, tu me saoules, vas-y je parle pas à ta main » mais je m'arrête en plein milieu de mes phrases. Je le hais. Il me viole la parole. Et pourtant, je l'admire.

Décidément, il faut vraiment que j'aille visiter Stockholm.

Je finis par démissionner au bout de sept mois en claquant la porte et en hurlant « VA TE FAIRE %$@!/ ! » Chic.

Ça me soulage.

— *BN, je ne peux pas être mannequin, ni actrice, ni avocate et je ne suis même pas foutue de parler dans un micro. Je vais faire quoi ?*

— *T'as toujours envie de rien ?*

— *À part être une star ? Non.*

— *Continue, trace ta route, ça va venir je te dis.*

12

La vendeuse de piscines

Sur Facebook, je me suis rapidement fait plein de nouveaux friends. Animatrice radio sur la matinale, c'est la classe. Ou la déprime. Question de point de vue.

Mes vrais potes savaient. La triche, les humiliations à l'antenne, la fatigue, les sautes d'humeur, la désillusion.

J'avais besoin d'un break.

C'est un peu par hasard que j'ai rencontré M. Laporte. Un ami d'ami. M. Laporte, même si j'aurais adoré qu'il vende des portes, il commercialise des piscines. Peu importe, finalement.

En lui parlant, je comprends rapidement qu'il est en pleine phase de recrutement. Mais je laisse ma super-cape au placard. Pour rien au monde je ne vendrais des piscines. Pour moi, une piscine ça s'achète. Ou ça se boit. Mais ça ne se vend pas.

Il est sympa ce Laporte, il est même très sympa. Il a du bagout, il rit à mes blagues et il me paye des verres. Alors je l'écoute. Et plus je l'écoute, plus son business de piscines pique ma curiosité.

— Vous devez avoir une piscine de compète chez vous, j'imagine ?

— Oh non, elle est minus, c'est beaucoup trop d'entretien une grande piscine.

— Et vous êtes tenu pour responsable si un enfant se noie dans la piscine que vous avez vendue ?

— T'imagines si Marlboro devait payer pour toutes les chimios ?

— Certes… Et c'est quoi vos arguments pour vendre une piscine à quelqu'un qui n'en veut pas ?

— Ça t'intéresserait d'en savoir plus ?

— Oui ! Je suis fascinée par les gens qui manipulent.

— Je ne manipule personne, je crée le besoin.

— Certes…

— J'ai une proposition à te faire.

— J'ai peur.

— Dix jours. Tu viens passer dix jours à la Foire de Paris sur notre stand. Et je te paye.

— Vous me payez ? Pour ?

— Pour ramener du monde sur le stand.

— Je peux les payer pour qu'ils viennent ?

— Tu fais ce que tu veux mais ton objectif est de leur faire passer la porte. C'est tout. Ensuite, mes commerciaux prennent le relais.

— Vous voulez que je sois votre rabatteuse, c'est ça ?

— On peut appeler ça comme ça.

— Trop facile. Vous me payez cher ?

— Grassement.

— Banco ! J'adore le gras.

— *Rabatteuse, c'est marrant, non ?*

— *Péné, tu voulais pas faire un break ?*

— *Si, mais je ne sais pas comment il a fait, il a réussi à me convaincre.*

— *Il t'a fait une laportade.*

J'arrive sur le stand. Magnifique. On se croirait à l'aquarium de Saint-Malo un jour où les poissons sont en grève. Ça me donnerait presque envie d'acheter une piscine pour mon salon.

— Pénélope, t'es prête ?

— Oui !

— OK. Je veux que tu me fasses venir les clients jusqu'au gros scotch noir, là, tu vois ?

— C'est tout ?

— C'est tout.

— Bonjour, madame, est-ce que…

OK.

— Bonjour, monsieur, est-ce que vous avez 55 000 euros sur vous ? Non ? C'est dommage, elles sont belles hein nos pisc… Non ?

Bon…

— Bonjour, madame ! Oups pardon je n'avais pas fait attention ! Oui, si vous pouviez aussi balayer derrière la caisse, s'il vous plaît… Merci.

— M'sieur Laporte, ils ne veulent pas de piscine les gens. Ils sont là pour piocher dans toutes les assiettes de dégustations des stands de food. Et puis personne ne va acheter une piscine pour dans un an ! Qui fait ça ? C'est trop dur se projeter ! Il fait cinq degrés, ici ! Vous n'avez pas des machines à UV, plutôt ?

— Pénélope, je ne t'ai jamais dit que ce serait facile.

Non, enfin bon…

— Je sais que tu peux le faire, t'es une bombe.

Facile à dire.

— C'est ta spécialité d'appâter les gens.

Comment il sait ?

— Fais-nous du Pénélope !

Il est marrant, lui !

— Allez quoi, tu te débines ?

Non mais oh !

— Qu'est-ce que tu croyais ? Que j'allais te payer à rien foutre ?

Non mais il va se la fermer Laporte, là !

— Péné, prends-le comme un jeu. Marre-toi ! Sors tes pénélopades.

— *Tu veux le faire à ma place, BN, peut-être ?*
— *Prête-moi ta cape.*
— *C'est mort.*

J'enfile ma super-cape.

— Bonjour, messieurs-dames, est-ce que vous savez nager ?
— Oui…
— Génial ! Venez, je vais vous montrer ce qu'on a pour vous !
— Ce n'est pas la peine, nous n'avons pas de jardin.
— Ce n'est pas grave, c'est complètement accessoire pour une piscine, un jardin ! Vous avez un toit ?
— Un toit ? Oui oui, on vient justement de le refaire !
— Par-fait ! Bernard ! Ces gens ont un toit tout neuf ! Messieurs-dames, je vous en prie, Bernard va s'occuper de vous, c'est un ancien SDF, il est très sensible aux gens qui ont un nouveau toit.
Oh my God, ça marche !

— Madame, bonjour ! Est-ce que vous avez une piscine chez vous ?
— Eh oui, désolée !
— Mais c'est idéal que vous en ayez déjà une ! Nous sommes justement faits pour ceux qui ont déjà une piscine ! Vous, au moins, vous savez de quoi vous parlez, parce que les clients qui viennent

et qui n'y connaissent rien à la piscine, c'est insupportable ! Venez avec moi, Rodolphe va vous aiguiller. Rodolphe, il est un peu comme vous, il a tout en double : deux de tension, deux de QI, deux neurones, il saura donc parfaitement vous orienter pour choisir la deuxième piscine qui viendra compléter la première.

Bim !

— Bonjour, monsieur, je parie que vous rêvez d'avoir une piscine pour cet été !

— Ouh là non, j'ai peur de l'eau, je ne sais pas nager.

— Mais c'est formidable ! Pourquoi acheter une piscine quand on sait déjà nager, ça n'a aucun intérêt ! Surtout que nous faisons en ce moment des prix spéciaux pour les pédiluves, idéal quand on est aquaphobe. Philippe va vous en parler bien mieux que moi, c'est un pro, il est rempli de verrues !

Allez-làààà !

— Monsieur, bonjour ! Il est bon votre sandwich ?

— Euh… pas terrible, non !

— Et si je vous offrais une petite piscine pour aller avec, vous seriez plus heureux ?

— Me l'offrir ? C'est une blague ?

— Pas du tout ! Pour une fois que je n'essaye pas d'appâter quelqu'un avec une fausse excuse !

— Vous êtes sérieuse ?

— Bah oui ! Mon patron m'a dit : « Le premier visiteur que tu croises avec un sandwich triangle, tu as le droit de lui offrir une piscine rectangle. » Vous avez bien fait de ne pas craquer pour le pan bagnat ! Venez, n'ayez pas peur, on s'installe et on voit cela ensemble. Asseyez-vous, monsieur.

— Merci, je ne sais pas quoi dire…

— Dites merci à mon patron !

— Monsieur Laporte ! Je vous confie ce jeune homme, il est très heureux qu'on lui offre une piscine ! Ah, et au fait, monsieur, vous la voudrez comment votre piscine ? Plutôt champagne ou rosée ?

Super-Péné.

La Foire de Paris arrive bientôt. Si vous cherchez quelqu'un pour vendre toits, fenêtres, climatisation, chauffage central, chaudières… on peut s'arranger.

13

Sugar daddy

Si j'enchaîne les missions courtes que j'entrecoupe de voyages à l'autre bout du monde, c'est grâce à Paul. J'ai rencontré Paul juste après avoir rencontré John Irving. J'ai tout de suite su que je l'aimais. *Paul, pas John*. C'était écrit. Paul est parfait. Il a la gueule de l'emploi. Il est disponible, tolérant, attentif et à l'écoute. Avec lui, je n'ai pas envie d'aller voir ailleurs. Je me tiens à carreau.

En revanche, je ne suis pas aveugle. Je sais qu'il voit d'autres filles, et d'autres garçons aussi, mais ça m'arrange de garder des œillères.

On commence à bien se connaître lui et moi. Très bien même.

Ça fait un bout de temps qu'on se fréquente et on se voit assez régulièrement. On a notre petite routine. Toujours au même endroit, toujours aux mêmes horaires. Il est un peu maniaque. Mais au moins c'est carré.

Certains de mes amis sont choqués par notre relation. Moi je m'en fous. J'y trouve mon compte.

Tous les mois, Paul me verse une coquette somme d'argent sur mon compte. En échange, il demande simplement que je lui écrive noir sur blanc si je suis partie voir ailleurs ce mois-ci. Ça le rassure et moi je trouve que c'est un minimum.

Il n'est pas un peu maniaque, en fait. Non. Il est carrément *control freak*. Le 2 de chaque mois, il me verse la même somme au centime près, à la même heure, sauf quand il part en week-end prolongé, les jours fériés.

C'est assez pratique, ça me permet de m'organiser.

On se kiffe tellement qu'on s'est même donné des petits noms. Je l'appelle *Chomdu*, il m'appelle *78V9 08M4 3TP Y2N 9X3P.*

Trop mignon, hein ?

En plus, j'apprends énormément à ses côtés.

Quand je suis avec lui, j'ai l'impression d'être en école Montessori. Il adore me faire sortir de ma zone de confort pour me tester.

Par exemple, chaque fois que je l'appelle, il fait comme s'il ne me reconnaissait pas, et il demande que je lui rappelle le surnom qu'il m'a donné.

Je sais qu'il fait ça pour me faire travailler ma mémoire.

Trop sympa.

Il est hyper fédérateur aussi. C'est un chef de bande.

Il adore organiser des petits *gatherings* chez lui. Comme c'est assez grand, on est souvent une vingtaine dans une pièce et il fait exprès d'arriver très en retard pour qu'on puisse discuter entre nous. Je fais toujours de belles rencontres, assez étonnantes. J'adore ces moments et ça me plaît de faire partie de son premier cercle. Je me sens privilégiée.

Ensuite, il nous appelle chacun à notre tour pour le rejoindre dans son bureau et passer un doux moment en tête à tête.

Et puis Paul, il est joueur. C'est un fan inconditionnel du jeu « *Le trop-perçu* ». C'est vrai que c'est trop drôle. En plus, je commence à être assez bonne donc j'adore y jouer.

Le principe c'est que, sans prévenir, il me verse une somme d'argent en plus de d'habitude. Dès que je le remarque, je dois vite le signaler en lançant l'alerte. Sur ce, je dois lui faire un virement de la différence entre la somme versée habituellement et la somme obtenue avec l'augmentation. C'est un énorme casse-tête chaque fois mais au moins c'est grâce à lui que je sais enfin combien font 7 × 8.

Il est assez charmeur aussi. Il adore plaire.

Typiquement, il a fait exprès de prendre un numéro facile à retenir [1], comme ça, s'il me fait un

1. 3949. Merci de ne pas diffuser.

coup dans le dos, qu'il me saoule et que je n'ai plus envie de le voir, même si j'efface ses coordonnées, je ne pourrai jamais oublier son numéro.

On pourrait penser que c'est de la manipulation mais au fond c'est touchant de se dire qu'il a peur que je l'oublie.

Ce que j'aime le moins chez lui, c'est son côté possessif. Quand je l'appelle ce n'est jamais lui qui répond mais toujours son assistante. Je l'appelle Moneypenny. Elle m'énerve ! Elle veut toujours que je lui donne mon surnom et que je me géolocalise. Et c'est seulement après avoir obtenu ces informations qu'elle me fait poireauter au bout du fil, le temps que Paul finisse ce qu'il a à faire.

Parfois c'est rapide mais souvent ça dure des plombes, alors je raccroche. Faut pas exagérer, je ne suis pas une carpette.

Je sais qu'il fait ça pour pouvoir me ghoster mais surtout, ça l'aide à savoir si je suis toujours accro. C'est un peu limite je sais, et en même temps, sans lui, je ne serais pas grand-chose.

Ce qui me fait littéralement craquer chez Paul, c'est sa franchise.

Au tout début, quand on s'est rencontrés, il a été hyper transparent :

— Pénélope, notre relation ne va pas durer plus de 685 jours. Peut-être qu'on se retrouvera un jour, mais il faudra laisser du temps.

J'ai trop kiffé. Personne ne m'avait jamais parlé aussi franchement.

Pendant deux ans, je peux dormir tranquille, je sais qu'il est là et qu'il ne me laissera pas tomber.

Merci Paul [1] de me donner les moyens de faire ce que je veux pendant 685 jours. Et je te jure que je m'y emploie à cœur perdu.

1. Le nom de famille de Paul, c'est Emploi, Paul Emploi.

14

Le burn-out

Pôle emploi c'est bien, un vrai emploi c'est mieux. Enfin, plus chiant, mais c'est plus safe.

Quand, un matin de l'an 27, on m'a appelée pour un entretien dans une start-up dont je n'avais jamais entendu parler, j'ai sans hésiter troqué mon pyjama pour une tenue de ville.

J'ai mis trois heures à me décider entre un tailleur jupe ou un jean avec une veste. Ce serait dommage de se faire recaler pour une histoire de fringues mais je serais maso d'aller travailler tous les jours en tailleur. Pourquoi on n'irait pas tous au bureau en pyjama ? *Sexy ta nuisette ! Trop doux ce pilou pilou ! Ah toi aussi t'en changes qu'une fois par semaine ?*

Une crèche pour adultes, finalement.

— *BN, je m'habille comment ?*

— *T'as envie de mettre quoi ? Une jupe ?*

— *Non, je vais être concentrée à serrer les jambes pendant tout l'entretien et je vais pas être à l'aise.*

— *Alors mets un jean !*

— *Ça se fait pas tellement de mettre un jean en entretien.*

— *C'est juger sur une tenue qui ne se fait pas.*

J'ai écouté BN et je me suis fait un smoky eyes black pour compenser.

C'est la DG qui me reçoit. En jean. Sans smoky.

Elle lit mon CV à haute voix :

— Les PénéNews, qu'est-ce que c'est que ça ?

Et merde, je ne l'avais pas prévue cette question.

— Une chronique que j'avais à la radio. Je racontais des faits divers de façon un peu drôle.

— Genre quoi ?

— Genre… *Mon Dieu, la honte.* Hum… C'est l'histoire d'une femme qui a très mal au ventre, alors elle va à l'hôpital pour se faire opérer et les médecins découvrent, dans son ventre, un fœtus de 40 ans. Un phénomène très rare qu'on appelle « bébé de pierre ».

— C'est tout ?

— Non non, il y a une chute. Hum… Au moins, on sait comment il s'appelle le père de ce bébé… de Pierre…

— *Pourquoi j'ai pas fermé ma gueule ?*

— *T'en es incapable.*

Elle explose de rire.

Je le savais. C'est mort. Je n'aurais pas dû raconter ça en entretien. Pourquoi je n'arrive pas à faire semblant avec des belles phrases et des sourires pour éluder les pires questions ?

Son rire est communicatif. J'ai du mal à me retenir. Je la suis dans son fou rire. Tant pis. Foutu pour foutu. Les larmes aux yeux et incapable de parler, elle met le pouce en l'air en hochant la tête et continue de rire.

C'est quoi ce pouce ?

— Vous… Vous trouvez ça drôle ?

Elle repart de plus belle. Je suis désarçonnée. Je ris. Je ne peux plus m'arrêter. Plus je ris, plus elle rit, plus mon smoky coule. *J'aurais dû mettre une jupe.*

Elle respire, reprend ses esprits et me dit lentement pour contenir son fou rire :

— Vous… pouvez… commencer quand ?

— *BN, c'est une blague ? C'est quoi cet énorme coup de bol ?*

— *Je crois que ça s'appelle un coup de cœur.*

Cette start-up est devenue ma maison. J'étais mieux au bureau que dans mon salon. Les missions qu'on me donnait étaient faciles.

Il fallait être vive, efficace et créative. Un jeu d'enfant. J'ai vite compris que le critère de recrutement n'était pas l'expérience mais l'énergie.

Si t'étais prêt à bosser comme un malade, t'étais pris. Si t'étais procédurier, tu dégageais.

On ne comptait pas nos heures. Ni la semaine, ni les week-ends. On dormait avec notre BlackBerry collé à l'oreille en cas d'urgence. On répondait à nos e-mails en marchant vers la boulangerie, on commandait notre sandwich en répondant au téléphone et on déjeunait en se connectant à une conf call.

Certains passaient leurs coups de fil en faisant les cent pas dans le couloir, d'autres, plus timides, se cachaient pour répondre au téléphone. Eux, ils ne faisaient pas long feu.

On se sentait investis d'une mission qui nous dépassait. Très peu de management, gros salaire, peu de contraintes, on était des gladiateurs.

Notre Olivia Pope à nous s'appelait Barbie. C'était notre gourou, notre mentor. Elle était géniale, juste, généreuse et smart mais surtout, elle m'avait recrutée sur un mauvais fait divers. Elle nous passait tout, on faisait ce qu'elle voulait.

Quand j'ai intégré cette boîte en l'an 27, on était soixante salariés. Puis cent. Puis trois cents. Puis cinq cents. Tout allait très vite. On vivait en huis clos. On travaillait en team et on sortait en troupe.

Je passais mes soirées au bureau, je partais en week-end avec mes copines de table et je couchais avec mes collègues. On frôlait l'inceste.

Cette boîte, c'était un mini Nord-Pas-de-Calais.

Je n'apprenais rien d'universel.

Je faisais marcher une grosse machine avec des Google Docs et un back office qui plantait un coup sur deux. Je me demandais ce que j'allais bien pouvoir écrire sur mon CV.

Responsable des orgies au bureau ? Mais c'était pas tellement le sujet. Ça allait trop vite pour penser à partir. Tous les six mois, je demandais à changer de département. On ne me refusait rien. On me nourrissait. J'étais constamment gavée de nouveaux projets.

Le lendemain de ma demande de changement de poste, j'étais assise à une nouvelle place dans l'open space et c'était parti. Pas de formation. *Pourquoi perdre du temps ?* Juste un avenant à mon contrat qui légitimait ma prise de poste et démerdenzizich.

La holding était allemande. Ils avaient la même philosophie que celle de mon père : *Work hard, play hard.* Je ne pouvais pas rêver mieux, j'étais comme à la maison.

Et puis un jour, j'ai craqué.

J'avais été un peu gourmande sur le nouveau poste. Il était capé. Trop capé pour moi. Même avec ma cape.

J'avais insisté pour l'avoir, pensant qu'on allait me dire non. Et finalement, après avoir défendu bec et ongles, pendant des heures, ma légitimité pour cette mission, Barbie m'a dit :

— Si c'est vraiment ce que tu veux, vas-y.

J'aurais dû l'écouter. Elle avait pourtant essayé de me prévenir. Elle savait ce qui m'attendait. C'était la première fois que j'aurais aimé que Barbie ne cède pas à mes caprices. Je me suis fait Ken. Toute seule.

C'était pas un job pour moi. Pourtant il y avait du management. Mon rêve. Faire adhérer des gens à mes projets.

Capitaine d'une équipe de volley pendant dix ans, organisatrice de soirées hors pair, je m'étais même cassé le nez, petite, pour leader une troupe ! J'étais faite pour manager.

Mais ça ne suffisait pas d'être vive, efficace et créative. Ni même d'avoir envie. Il fallait, en plus, être diplomate, humble et bonne en maths. La totale.

Je me suis ramassée. Du jour au lendemain, je n'étais plus celle qui gère, qui maîtrise et qui rayonne. J'étais celle qui échoue, qui doute et qui fait baisser le taux d'épanouissement de la boîte. Je ne me sentais tellement plus à ma place que je m'isolais pour passer des coups de fil. J'ai pas fait long feu.

Je n'ai pas eu besoin qu'on me montre la sortie, je la connaissais par cœur. J'y avais raccompagné un paquet de gens, déjà. J'avais même pris plaisir à mettre fin à leur contrat sous couvert de « Tu ne corresponds pas au style de l'entreprise ». Jolie formule pour dire « Tu ne seras jamais un pote, et ici, on est tous potes ».

Alors, un midi, j'ai descendu mécaniquement les cinq étages à pied vers la sortie de l'immeuble. J'ai pris le métro et, arrivée chez le médecin, je me suis effondrée en sanglotant :

— Je suis une meeeeerde. Pourquoi je n'y arrive plus ? J'en peux pluuuuus. Je ne veux pas y retourner. J'ai peur. J'ai envie de tous les défoncer !!! Je suis nuuuuulle. Je les hais ! Tous ! Je vomis l'entreprise !! Qu'est-ce qu'il m'arrive ??? J'ai tout ratéééééé. Je suis une meeeeerde.

— Vous n'êtes pas une merde, vous êtes fatiguée. Vous faites un burn-out.

— Mais pas du touuuut, le burn-out c'est pour les faibles !

— Je vais vous arrêter pendant un mois.

— Un mois ? Nooooon. Pas un moiiiiis !!!

— C'est pas assez ?

— Je sais paaaaaas.

— BN, je suis finie. Je ne peux même plus bosser en entreprise.

— D'abord tu te reposes, et ensuite tu réfléchis.

— *Mais je ne sais rien faire ! J'ai rien appris dans cette boîte !*

— *Si, t'as appris à travailler.*

— *Mais je ne veux plus bosser pour qui que ce soit !*

— *Ben, monte ta boîte !*

— *Pfff ! N'importe quoi, toi !*

J'ai fait un mois d'arrêt maladie avant de démissionner. Quand je croisais un collègue par hasard dans la rue, j'avais droit à :

— Ben dis donc, t'as pas l'air très malade !

— Je ne suis pas malade, je suis au bout du rouleau.

— T'en rajoutes pas un peu ?

C'était bien la première fois qu'on trouvait que je jouais bien la comédie.

15

Mange ta boîte

« *Et maintenant que vais-je faire-euuuh ? De tout ce temps – que sera ma vie ? De tous ces gens, qui m'indiffèrent-euuuh…* »

— *Péné, ta musique me casse les oreilles ! Et arrête de bouffer !*
— *Mais je suis déprimée, BN.*
— *Tu refuses de m'écouter !*
— *Non non, vas-y je t'écoute.*
— *Tu n'aimes pas le management, tu hais l'autorité et tu veux ton autonomie… je te dis de monter ta boîte !!*
— *Mais j'ai pas d'idées.*
— *T'as que ça, des idées.*
— *Et puis, j'ai pas d'associé.*
— *T'as pas cherché.*

Il a raison. Faut que je me bouge. On est en l'an 29 et mon CV ne ressemble à rien.

Il n'y a qu'une seule personne avec laquelle j'ai envie de monter une boîte. On a travaillé ensemble pendant que je faisais mon burn-out. Elle s'appelle Floron. Elle adore les chiffres, elle ne compte pas ses heures et elle n'a pas d'états d'âme. C'est idéal. Elle fera les trucs que je déteste, elle répondra à mes mails de 4 heures du matin quand j'ai une idée qui me pop-up et elle s'occupera de virer les gens quand ils sont nuls. Pratique.

Moi je m'occuperai de faire connaître notre boîte à tout Paris, de l'animation dans l'open space, et d'écrire le storytelling de la marque. On est complémentaires. Et en plus, Floron et Pénélope ça sonne bien. Duo gagnant.

Floron ne s'est pas fait prier. C'était comme demander à un paon de faire la roue. Une évidence.

On s'est enfermées chez elle pendant quatre jours.

On a fait des réserves de rouleaux de printemps, de Coca light et de Lindor au chocolat au lait. Et on a réfléchi, brainstormé et failli abandonner quand… on est finalement tombées d'accord sur un concept :

Un abonnement mensuel à une boîte, livrée à domicile et remplie de produits d'épicerie fine accompagnés de recettes.

Pourquoi pas.

En fait, on monte une boîte de boîtes. 2 en 1. Comme les shampoings. Ça nous fait rire. C'est pas révolutionnaire. Mais ça nous fait rire. Et ça nous suffit.

On a eu l'idée un 4 juillet. Je m'en souviens parce qu'on a fêté ça en mangeant des tranches de dinde avec de la moutarde. C'était notre indépendance à nous.

On voulait lancer cette boîte de boîtes pour la rentrée, le 4 septembre de l'an 29. Deux mois. Deux mois seulement pour tout faire. Casser notre PEL, déposer les statuts, faire un site internet, ouvrir un compte en banque, sourcer les fournisseurs, contacter des journalistes et trouver un nom. Une montagne.

On a annulé nos vacances à la mer pour sauter dans le grand bain.

Le plus rigolo à faire, c'était le nom. Alors, on a commencé par ça.

Je suis bien placée pour savoir qu'on ne choisit pas un nom à la légère. C'est lourd de sens. Il ne faut pas se planter. C'est trop important. Et en même temps, on s'en fout, c'est qu'un nom. Mais quand même. J'insiste pour qu'on y passe le temps qu'il faut.

J'en fais une affaire personnelle.

Sauf que pondre une idée, c'est long, très long. C'est pire que la pâte à crêpes. Il faut noter quelques noms sur une feuille, laisser reposer, revenir dessus, en sélectionner un ou deux, dormir et se mettre d'accord. Et tout y passe.

Abonnappétit, Laboîte2boîtes, Épiceriolait, LarevanchedePene, Labouateamanger, Bouffetoncolis, PeneFloronepicerie, Recetteahuit…

C'est peut-être pas crucial le nom finalement, si ? Pourquoi on se prend la tête ? On a un business à monter.

On décide de faire efficace.

Mange ta boîte

Découvrez, cuisinez, surprenez.

C'est pas drôle. Mais ça fonctionne. Mais c'est pas drôle.

— Floron, j'en dors pas de la nuit. Franchement c'est nul à chier ce nom. On ne peut pas rester là-dessus.

— Je suis d'accord. Et si on le mettait en anglais ?

— Pas bête. *Eat your Box* ?

— Ouais. EYB. Iwaillebi, à l'anglaise.

— Ouais. Pas mal. Ça fait le taf. Au moins, c'est plus sexy qu'en français.

Eat your Box

Découvrez, cuisinez, surprenez.

C'est parti ! On peut rentrer dans le dur. Dépôt du nom à l'INPI, création des statuts, plateforme de marque et cartes de visite.

PB, CEO – EYB.

Ça y est ! Je suis entrepreneuse ! Dingo. J'ai envie de le hurler sur tous les toits. Je me sens pousser des ailes. Vive les pigeons [1].

Quand je vois la réaction de mes parents, j'hésite à tout annuler…

— Tu montes une boîte ? Avec quel argent ? Et comment tu vas la faire connaître ? Tu comptes te payer un jour ? Comment tu vas gérer une boîte alors que t'es à découvert tous les mois ! Je croyais que tu voulais être artiste ? T'as changé d'avis ? Et puis, pourquoi un nom anglais ?

… mais je ne me démonte pas. De toute façon c'est trop tard, j'ai démissionné.

Je me sens encore un peu fébrile, comme une funambule qui monterait sur un fil pour la première fois, un peu fragile, pas très sûre d'elle. J'ai besoin qu'on me rassure, qu'on me dise que je ne fais pas une grosse erreur en montant une boîte de bouffe alors que je ne cuisine pas, en croyant que tout va bien se passer alors que neuf entreprises sur dix se cassent la figure et en imaginant que deux femmes entrepreneuses c'est l'autoroute du respect, *avec quelques péages.*

---

1. Le mouvement des pigeons, en 2012, a réuni des centaines de milliers d'entrepreneurs en colère contre l'augmentation des cotisations et des taxations sur cession d'entreprise.

Alors, j'appelle Seth, un ex devenu un ami. Seth, il est américain, baragouine quelques mots de français, *C'est la vie, Oh là là, voulez-vous couchez avec moi ce soir ?* et prétend parler mieux français que je ne parle anglais. *Létchetcheure.*

Notre idylle, si elle n'a pas fait long feu, a commencé par une étincelle :

— Hi, I'm Seth.

— Seth ? Like Seth à huit ?

J'ai vu dans son regard qu'il me trouvait drôle alors même que je riais à ma blague.

Quand on s'est quittés pour toujours, je voulais qu'il garde un bon souvenir de moi :

— Penny, are you ready to leave New York ?

— I am all Seth.

Il a souri. J'ai ri pour cacher ma tristesse. On savait qu'on s'était trouvés. C'était beau [1].

Je l'appelle pour lui annoncer la grande nouvelle :

— That's brilliant ! What's the name of your company ? I am sure you found a very creative name !

Et merde. Je savais qu'il fallait qu'on prenne le temps de trouver un nom génial. Il va être déçu.

---

1. Si vous cherchez une scénariste pour des comédies romantiques…

— *Eat your Box.*

— What ? I can't hear you well ! What did you say ?

— *Eat your Box* !

— I am not sure I understand. You called your company *Eat your Box* ?

— Yes !

— Are you kidding ? Come on Penny ! What's the name ?

C'est moi qui capte mal ?

— I just told you ! It is *Eat your Box* ! I know it is simple, not very funny but it is a okay name.

— My God, Penny !

— What ?

— Can you change it ?

— No, I can't. Why would I change it, what's wrong ?

— Do you know what *box* means in english ?

Je crois qu'il a oublié que j'étais née à Londres.

— Seth, come on ! Don't be too harsh on me !

— Penny, check the meaning of *box* on Internet !

Ça y est, il me saoule. Les vraies raisons de notre séparation resurgissent de plein fouet. Jamais assez bien, picky, critique… épuisant.

Je vais quand même sur Internet, par curiosité.

Je tape « B-O-X-signification-anglais » et je clique sur *Images*.

Oh Lord ! C'est quoi ce bordel ? Pourquoi je tombe sur des photos salaces quand je tape *boîte* en anglais ? J'ai contracté un virus ? Ou une MST en l'occurrence.

« Box », ça veut dire boîte, évidemment. *Mais pas que.*

En argot américain, ça veut aussi dire *chatte.*

Le 4 septembre de l'an 29, j'ai donc lancé une boîte qui s'appelle : Mange ta Chatte.

Au moins, c'est original.

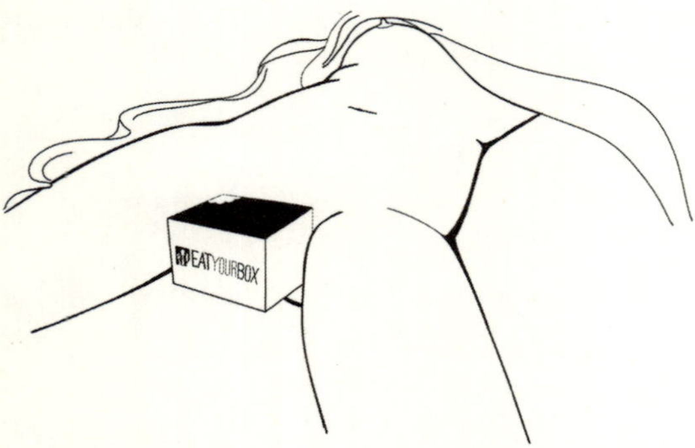

16

Do you, do you Saint-Tropez

On ne s'est pas laissé abattre. On a gardé le nom, on a bossé comme des chiennes et on a vendu notre bébé. Cher. Moins cher que ce qu'on voulait mais plus que ce qu'on aurait imaginé pour un bébé d'un an et demi.

Les acquéreurs n'ont pas voulu de nous. Ils avaient leurs équipes en interne. Ça nous allait bien.

Ils ont négocié trois mois de passation pour que la transition se fasse en douceur. Pas besoin d'être deux pour ça. Floron s'en est chargée, c'était la plus rigoureuse.

— Et moi, qu'est-ce que vous me proposez ?

— Qu'est-ce que tu voudrais faire, Pénélope ?

— Monter un projet from scratch !

— On vient d'acheter une maison de 150 m^2 à Saint-Tropez.

— Poursuivez…

— On voudrait en faire une boutique. La boutique de notre magazine *Marie France*. Les travaux sont en cours mais on aimerait l'ouvrir dans deux mois, pour la saison. Ça t'intéresse ?

— Et qu'est-ce que vous voulez que je fasse ?

— Tout. À part les travaux.

— Tout, c'est-à-dire ?

— Tout. Trouver le concept, les produits, la force de vente, faire la caisse, le merchandising, la déco, tout.

— Depuis Paris ??

— Non. Idéalement tu pars demain à Saint-Tropez. Pour six mois.

— Et je dors où ?

— Au dernier étage de la boutique, dans un appartement, avec terrasse.

Encore mieux qu'un Erasmus. Bosser en maillot de bain, choper des milliardaires et avoir sa table VIP aux *Caves.*

J'ai appelé des copines pour qu'elles viennent faire les vendeuses. J'ai contacté des potes pour qu'ils vendent leurs produits dans la boutique, j'ai dragué le proprio du bar voisin pour passer des bonnes soirées et j'ai pécho le photographe le plus radin de Saint-Tropez :

— Ma belle, j'ai pris une superbe photo de toi, tu la veux ?

— Grave !
— C'est 150 euros.

J'ai épuisé mon capital soleil, j'ai claqué mon salaire dans les boutiques voisines pour me faire accepter par les locaux, je n'ai pas fait une seule partie de pétanque sur la place des Lices, j'ai été bannie des *Caves* parce que je me suis énervée contre un videur qui voulait que je fasse la queue :

— Tu fais la queue, comme tout le monde.
— Mais je tiens une boutique sur le port !
— J'en ai rien à foutre, tu fais la queue.
— Mais je suis saisonnière !
— Tu fais la queue !
— À part le mot « queue » tu sais dire autre chose ?

Le type m'a prise contre lui, m'a portée comme si j'étais le Roi lion, m'a reposée à quelques mètres de la boîte de nuit, et pointée du doigt en me fusillant de son regard de veau :

— Et que je ne te revoie pas !

— Sinon, quoi ? Hein ? Sinon, quoi ?! Tu me menaces, c'est ça ?

J'ai balancé tous les noms d'oiseaux que je connaissais. Mais assez vite, je me suis trouvée limitée. Je répétais *Espèce de pigeon !* en boucle.

Côté business, c'était sportif.

Les gendarmes de Saint-Tropez étaient moins drôles que Louis de Funès quand ils me demandaient d'enlever la plante que j'avais installée dehors « parce qu'elle dérange les autres commerçants ».

Les clients n'osaient pas rentrer dans ce lieu que j'avais pensé, avec mon superviseur Bruno, comme un concept store, et les quelques personnes qui passaient une tête, en sortaient avec la seule chose à ne surtout pas retenir :

— Votre boutique *Marie-Claire* est superbe !

— C'est *Marie-France*.

— C'est pareil, non ?

— Quasiment. Elles sont justes concurrentes.

J'ai définitivement compris que les missions les plus sexy étaient de loin les moins faciles. J'avais eu un aperçu avec la matinale à la radio mais j'aime bien refaire la même erreur plusieurs fois. On sait jamais, sur un malentendu…

17

Les millenials

— *BN, je fais quoi maintenant ?*

— *Tu peux faire ce que tu veux ! T'es bronzée en plein automne, ton compte en banque déborde de cash et d'actions, et ton CV est béton ! Tu peux tout faire !*

— *Mais j'ai pas d'envies, pas de projets, pas de perspectives.*

Personne ne m'avait dit que vendre une boîte, c'était déprimant. Je n'étais pas assez riche pour partir vivre aux Bahamas, ni assez maso pour revenir en entreprise et beaucoup trop fatiguée pour remonter une boîte.

Floron, elle, est partie prendre l'air à l'étranger. Quelques mois. Elle avait tout compris. Le fameux break pour mieux repartir. *Elle aurait pu manger un Mars aussi, ça lui aurait coûté moins cher.*

Moi, je n'avais la force de rien. Pas même de manger. C'est pour dire. Mon compte en banque se vidait au fil des mois. Apple, Deliveroo, Zara… je ne sortais pas de chez moi. Je zonais.

J'attendais qu'Uber, Blablacar, Airbnb ou Google me chassent. Pour y faire quoi ? J'en savais rien.

Quand j'ai fini par pointer le bout de mon nez dehors après des mois d'hibernation, on m'a parlé d'un job, a priori idéal pour moi. Les autres savent toujours mieux ce qui est bon pour nous, il paraît.

— Péné, un groupe média recherche sa directrice événementielle. Ils veulent quelqu'un avec de l'énergie, qui fonce dans le tas et qui n'a peur de rien. Ils cherchent un leader jeune.

C'est moi !

On est en l'an 30. Je vais à l'entretien avec ma tenue porte-bonheur. *Jean, veste, smoky.* On me déroule les missions. Je trépigne. Je ne comprends pas tout, mais je trépigne. *J'ai besoin d'un job.* On me donne des objectifs chiffrés, je jubile. Je ne mesure pas ce que ça représente, mais je jubile. *J'ai besoin d'un job.*

Au moment de partir, le recruteur en costume me demande de me rasseoir. Il a oublié de me donner une information capitale :

— Vous aurez une équipe de cinq personnes à piloter…

— Aucun problème.

J'ai juste fait un burn-out la dernière fois que j'ai managé mais vraiment, aucun problème…

— … qui sont des millenials [1].
— Oh bordel.
Est-ce que j'ai vraiment besoin d'un job ?

Ce n'est pas tant les missions peu claires ou les objectifs non définis qui me font paniquer. C'est eux. Les millenials.

Ceux qui ont été élevés au podcast quand j'ai été bercée au *Petit Ours brun* récupéré dans un vide-grenier, ceux qui postent en story Instagram leurs plans à trois quand je me dépêche d'effacer les cookies de mon ordinateur après avoir tapé sur Google « *Le point G existe-t-il ?* » et ceux qui ne jurent que par les Youtubeurs quand je me passionne pour les

1. La définition des millenials est controversée mais on va statuer : ce sont les personnes nées entre 1980 et 2000.

documentaires sur le biomimétisme avec un petit faible pour la super-crevette [1].

Pour ce premier jour dans ce groupe média, mon supérieur m'accueille en me présentant l'équipe :

— Hello la team Event, je vous présente Pénélope qui vient d'arriver pour prendre la direction des événements.

Aucune tête ne se lève, aucun son ne sort de leur bouche. Ils tapent frénétiquement sur leur clavier. Je zieute mon boss *ils sont toujours comme ça ?* Il fait une torsion avec ses lèvres que j'interprète comme *ils ne sont pas faciles-faciles mais ça va le faire,* et je prends place à côté de cette chaleureuse équipe.

Dans la matinée, je leur envoie une invitation individuelle pour les rencontrer et mieux les connaître, comme il est coutume de faire dans les grands groupes, d'après Dodo.

Objet : Faire connaissance.

Le soir, aucune réponse. *Ça va le faire.*

1. La super-crevette est une crevette de l'île de la Réunion qui mesure entre 10 et 40 cm. Elle a des capacités incroyables. Comme nous tous finalement. Elle a des pinces-marteaux qui libèrent des ondes de choc et créent des étincelles pouvant tuer tous les poissons autour d'elle. (Presque) aussi puissante que de la dynamite. Elle ne se nourrit pas d'Ovomaltine.

Mardi, 10 heures. Premier entretien avec Claire. 26 ans.

Je vais à son poste, équipée de mon carnet à spirale et de mon stylo brandé que j'ai eu dans mon Welcome Pack. Généreux.

— Claire, on y va ?

Claire ne répond pas. Millenial et sourde ça fait beaucoup.

— Claire ??

Elle compte m'ignorer encore longtemps ?

— On va où ?

— Je t'ai calé un point de trente minutes pour qu'on discute.

— Je l'ai accepté ?

— Non.

— Bah c'est donc que je ne peux pas !

— Mais tu ne l'as pas refusé.

Petite conne.

— Non.

— Donc je ne peux pas savoir que tu ne peux pas.

— En tous les cas, je ne l'ai pas accepté donc recale-moi un point si tu veux mais là je dois finir un truc.

Je retourne à ma place. J'ai signé il y a quarante-huit heures. Ça va être long.

11 heures. Deuxième entretien. Eugénie, 23 ans.

Je m'approche de son bureau :

— Amélie, tu es prête ?

— Tout de suite ?

— Il est 11 heures mais si tu as besoin de cinq minutes, aucun problème, tu me rejoins ? Je t'attends en salle 408.

Je me regarde dans le miroir de l'ascenseur mais je ne me vois pas. J'aperçois une femme traumatisée, faible et apeurée.

J'attends dans la salle jusqu'à 11 h 10, personne. 11 h 20, je suis toujours seule. 11 h 30, je remonte au bureau, le ventre noué. Eugénie est à son poste, elle pianote sur son téléphone en riant. Je suis tétanisée.

Je retourne à ma place sans un mot. Eugénie ne se manifeste évidemment pas de la journée.

14 heures. Troisième entretien. Nina, 28 ans, arrive à mon bureau :

— Pénélope, j'ai bien reçu ton invitation mais je ne vais pas pouvoir l'honorer car j'ai beaucoup de travail. Et puis Benjamin, notre ancien boss, nous disait qu'il fallait privilégier le travail plutôt que les réunions.

— Entendu Nina. Merci de prévenir. En revanche, Benjamin n'est plus là, c'est moi qui le remplace donc la prochaine fois que je t'envoie une invitation, je veux bien que tu y répondes. Et si tu as trop de travail, c'est justement quelque chose qu'on peut voir ensemble pour t'aider à mieux t'organiser.

— Je m'organise très bien, merci. En l'occurrence, je préfère travailler que faire cette réunion.

Je reste coite. Elle repart à sa place.

16 heures. Le quatrième, Mike, 29 ans, est malade. Apparemment, il est souvent malade. On l'appelle Argan [1].

17 heures. Je m'approche du bureau de la cinquième collaboratrice, Adélie, 32 ans.

Elle soupire en me voyant arriver, mais descend en réunion.

Pas un mot dans l'ascenseur. Je ne vois toujours pas la Pénélope que je connais dans le miroir. On entre dans la salle qui sent étonnamment bon pour une salle de réunion réservée pour la journée.

Les bras croisés, Adélie fixe la table et fait la moue.

— Tout va bien, Adélie ?

— Je ne sais pas ce que tu attends de moi, Pénélope. J'ai lu ton CV, on a tous lu ton CV, et tu n'as aucune expertise en production événementielle

1. Cf. Molière, hein ! Pas l'huile. *Le Malade imaginaire*, ça vous parle ?

donc je ne comprends pas ce que tu viens faire ici. On nous avait dit que notre boss serait un homme de 40 ans, avec un réseau long comme le bras, et on te voit arriver. Comprends-nous. On a presque le même âge, t'as enchaîné des jobs qui n'ont duré qu'un an et demi et tu n'as été que dans des petites boîtes, en plus !

Je suis honnête avec toi, et c'est un cadeau que je te fais de te dire tout ça : tu vas galérer ici.

C'est pas une entreprise pour les petites meufs qui veulent être calife à la place du calife. Me concernant, tout ce que j'ai à te dire c'est que je ne suis pas facile à manager, je n'aime pas qu'on soit derrière mon dos, qu'on check mes horaires et encore moins qu'on repasse sur mes présentations. À toi de nous prouver comment tu peux nous aider. Franchement, je ne vois pas bien comment tu vas t'y prendre ! Voilà, je ne te fais pas perdre plus de temps car tu vas en avoir besoin pour t'intégrer.

K-O.

Elle se lève et sort de la salle. Je reste assise la bouche ouverte comme si je posais pour une publicité du ministère de la Santé. *Un coup de mou ? Une dépression ? Envie d'en finir ? Demandez de l'aide au 123456.*

— *BN, c'était quoi ça ?*

— *La réaction classique d'une salariée qui voulait ton poste.*

— Mais pourquoi j'ai rien dit ? Pourquoi je l'ai laissée me parler sur ce ton ?

— T'as burn-outé à cause du management, Péné ! C'est normal, ça va prendre du temps.

— J'y arriverai pas, BN. Je me casse, je reviens pas.

— T'abandonnes au bout de quarante-huit heures ?

— Non, je me préserve.

— Non, Péné, tu fuis, là. Alors tu remontes au bureau, tu prends sur toi et tu bosses. Sois un leader par l'exemple.

— J'ai peur.

— Elle aussi.

— Et puis non, ça ne m'amuse pas du tout de travailler dans une grosse boîte. Je hais les courbettes, la cantine et les règlements intérieurs. Pourquoi je m'obstine à postuler dans des jobs qui ne me correspondent pas ? Je cours après une carrière, un salaire, un statut alors qu'au fond j'en ai rien à foutre.

— Mais t'as envie de quoi, Péné ?

— J'en sais rien mais je n'ai pas envie de ça. Et là, je ne me sens pas à ma place.

— Tu vas la trouver ta place !

— Tu me dis ça depuis que j'ai 18 ans !!

— J'y peux rien si ça prend du temps ! T'as appelé la psy qu'Eva t'a recommandée ?

— Oui, j'ai rendez-vous la semaine prochaine.

18

Le job de rêve

— Allô Pénélope ? Tu es toujours en poste avec tes millenials ?

— Malheureusement oui. Je reste au chaud en attendant de trouver mieux.

— Si je te dis que j'ai le meilleur job du monde à te proposer ?

— Fais-moi rêver !

— Directrice des événements du Guide Michelin !

— What ??? Je prends !

Je ne vais pas vous raconter pourquoi ce qui m'a été vendu comme le meilleur job du monde en l'an 34 n'aura duré que sept mois et demi. Ce serait trop long et pas très drôle.

Mais non, je n'ai pas mangé dans un seul restaurant étoilé, je n'ai pas rencontré un seul inspecteur, je n'ai pas taillé le bout de gras avec les chefs dans leur cuisine et je n'ai jamais eu de pétales de rose ni de bouteille de champagne sur mon lit dans ma chambre d'hôtel lors de mes déplacements professionnels. Le seul intérêt que j'ai tiré de cette expérience, c'est des miles.

— *Euh… Péné, ça fait la troisième fois que tu prends un job sexy sur le papier. T'as toujours pas compris que c'étaient les pires ?*

— *Oui mais là quand même, ça sentait bon !*

— *Qu'est-ce qui sentait bon ? L'argent ? Le comité de direction ? Le pouvoir ? Le nouveau statut sur LinkedIn ? Si c'est ça que tu veux, pourquoi tu te ramasses chaque fois ?*

— *J'en peux plus, BN. J'ai l'impression d'être un OVNI quand je propose mes idées, de choquer quand je contredis mon boss, de déranger quand je challenge la direction et de foutre la merde quand je demande l'avis des autres.*

— *On va être en 35 après PB, Péné. Tu me dis la même chose depuis que je te connais.*

— *J'y peux rien si je suis paumée.*

— *Moi je crois surtout que t'essayes de rentrer dans les cases. Elle est où cette petite fille de 8 ans pleine d'idées, qui passait sa vie à faire rire, raconter des histoires et faire ce qui lui plaît ?*

— *J'ai plus l'âge, BN.*

— *L'âge de ?*

— *Faire ce que je veux.*

— *Tu la vois toujours ta psy ?*

19

La chef d'entreprise

OK, c'est bon. J'en peux plus, faut que ça sorte.

Je sais ce que je veux faire de ma vie.

En réalité, ça fait longtemps que je sais. Mais c'est seulement maintenant, à l'aube de l'an 35, que je l'assume. Ça doit être l'approche de l'an 40. J'anticipe ma crise.

— *BN, je leur dis ?*

— *Bah oui, qu'est-ce que t'attends ?*

— *Je sais exactement comment ils vont réagir…*

— *C'est-à-dire ?*

— *Ils vont penser que je me la pète.*

— *Et ?*

— *Et… T'as raison, on s'en fout.*

Alors, voilà.

JE VEUX CONQUÉRIR LE MONDE.

Oups. Je sais, ça ne se dit pas.

Et j'ai envie d'être riche, aussi. *Re-oups.*

Et j'ai envie qu'on m'appelle pour écrire des histoires et donner des idées géniales. *Re-re-oups.*

Et j'ai envie qu'on dise « Pénélope Bœuf ? J'adore ce qu'elle fait ». *Oups, oups, oups, oups.*

Pourquoi dès qu'on est ambitieux, on passe pour prétentieux ?

Les oiseaux se cachent pour mourir, et nous, les humains, on se cache pour réussir. J'aimerais être un oiseau.

Tu m'étonnes qu'on est malheureux. On se brime. Soi-même. C'est ça le problème. C'est nous.

La preuve, le Marsupilami il l'assume, sa grande queue. Et ça ne choque personne... Je n'ose même pas imaginer ce qu'il se passerait si c'était un homme. Il se ferait lyncher.

Houba houba.

À cause de vous, d'eux, de nous, j'ai eu besoin d'entendre que j'avais le droit de penser ce que je voulais. Alors, j'ai appelé un ami [1]. Un de ceux dont vous savez déjà ce qu'il va vous dire parce qu'il pense comme vous.

J'avais besoin d'une apostille, d'une validation, de ce tampon *APPROVED*.

— Bruno, j'ai le vertige.

— Arrête de regarder en bas !

---

1. Non, il ne s'appelle pas Jean-Pierre.

— J'ai le vertige de la vie.

— Profites-en, c'est bon d'avoir le tournis parfois.

— C'est une sorte de vertige de légitimité, tu vois ?

— Arrête de t'occuper des autres.

Bruno, en trois mots, il vous remet sur la voie.

— Mais Bruno, ça fait dix ans que je galère.

— Faux. Ça fait dix ans que tu cherches à coller à ce que tu crois qu'on attend de toi.

— Pas compris.

— Pénélope, on va faire un truc. Je vais te poser une question, et tu vas y répondre sans réfléchir, OK ?

— Vas-y, j'adore ce genre de jeu !

— Qu'est-ce que tu aimes ?

— Euh... Mister Bean, les xiaolongbao [1], les burpees...

— Je reformule. Qu'est-ce que tu aimes FAIRE ?

— Ah ! Bah... raconter ma vie, inventer des histoires, mentir aussi un peu parfois, organiser des soirées, monter sur les banquettes en boîte de nuit, écrire... enfin plein de trucs, quoi !

---

1. Meilleur dim sum du monde. Vous le mettez dans une cuillère avec gingembre, vinaigre de riz et soja. Vous percez la poche avec votre baguette chinoise, buvez le jus qui a coulé dans la cuillère et ensuite vous avalez en une bouchée le xiao. Une fois que vous avez terminé ce tome 2, foncez en goûter !

— Et pourquoi tu ne ferais pas ça ?
— Je fais déjà tout ça !
— Pour gagner ta vie ?
— Je ne comprends pas.
— T'as une voix géniale, c'est d'ailleurs pour ça que t'as fait de la radio…
— Non, j'ai triché.
— Non, ils t'ont fait gagner pour ta voix.
— Ah bon ?
— J'imagine. Mais Pénélope, tu aimes raconter des histoires.
— Oui… Mais je vois toujours pas, là.
— Il y a une montée en puissance des podcasts.
— Des quoi ?
— Des podcasts. Ne me demande pas ce que c'est, mais c'est de l'audio.
— Et ?
— Eh bien pourquoi tu ne proposerais pas à des marques de leur réaliser leurs podcasts ?
— Mais elles en veulent ?
— Pas sûr. À toi de les convaincre.

— *BN, j'y vais ?*
— *Tu ne veux pas te renseigner un peu sur le marché de l'audio et écouter deux, trois podcasts avant de te lancer ?*
— *Ça changera quoi ? Même si le marché est saturé, j'arriverai bien à faire mon trou !*
— *Donc tu lances ta boîte, là ? Toute seule ?*
— *Bah pourquoi pas ?*

Il n'y a rien de plus facile que de lancer, administrativement, une boîte. C'est même plus simple que d'obtenir un rendez-vous chez le gynéco dans les deux semaines. Il faut un avocat, une idée vague du domaine dans lequel on se lance, Internet pour ouvrir une banque en ligne, une imprimante, un stylo… et un nom.

Je ne vais pas faire la même erreur deux fois. Je veux une sonorité française cette fois-ci. Je vérifie sur Google en tapant dans Images qu'il n'y ait pas de double sens graveleux, je vais sur le site de l'INPI, et après 210 euros et dix minutes passées derrière mon ordinateur, ***La Toile Sur Écoute****, studio de narration audio*, est créé.

Je viens de changer de vie. Ça m'a pris moins de temps qu'un épisode de n'importe quelle série Netflix.

Ça me donne envie de me couper les cheveux, tiens. Allez, bim. Coupe au carré.

— Waouh Pénélope ! C'est quoi cette nouvelle coupe ? T'es enceinte ?
— Mieux !
— Tu te maries ?
Pourquoi les gens sont obsédés par ça ?
— J'ai monté ma boîte.
— Impressionnant, bravo !
— Euh… ça m'a pris dix minutes, hein !
— Et c'est une boîte de quoi ?
Bonne question.
— Ce sera autour du podcast, du contenu audio, du storytelling…
— Waouhh ! Félicitations, tu m'épates.

Il n'y a rien d'épatant à avoir un numéro de SIRET, un compte en banque sur lequel j'ai mis les 100 euros gagnés dans une enveloppe de jeux à gratter à Noël dernier et, surtout, aucun business plan.

Mais c'est vrai que « chef d'entreprise », ça en jette.

Et c'est parti !

Je vérifie sur Internet que personne n'a eu la même idée de génie que Bruno et je tombe sur un, deux, trois, quatre, cinq, six, sept… studios de podcasts qui proposent exactement ce que je veux faire.

Ils sont souvent deux associés, avec des grosses équipes, un studio d'enregistrement en interne, quand moi je suis seule, dans ma chambre, à effacer les photos de mon téléphone et libérer assez d'espace pour télécharger l'application Apple Podcasts.

Je suis allée trop vite. Il faut que je reprenne les bases.

Je vais créer un podcast pour me faire connaître. Le mien. Je n'ai pas de cause à défendre, ni de message militant mais je trouverai bien des trucs à dire. Au pire, je mens.

Je vais dans un magasin spécialisé dans le son, le plus connu de Paris :

— Bonjour, j'aurais besoin de deux micros de bonne qualité.

— Pour quelle utilisation ?

— Je ne sais pas encore.

— Vous enregistrerez en intérieur ou en extérieur ?

— Aucune idée. Et je voudrais aussi un enregistreur pratique, de bonne qualité et pas trop cher.

— On doit avoir ça.

— Et comment je récupère les sons que j'ai enregistrés ?

— Il vous faut une carte SD.

C'est une carte de membre, ça ? Je dois faire partie d'un club ?

— Alors une carte SD, s'il vous plaît. Et comment je relie l'enregistreur aux micros ?

— Avec des câbles.

Dans quoi je m'embarque ?

— Et comment on écoute ce qu'on vient d'enregistrer ?

— Avec un casque.

— J'ai des écouteurs.

— Il vous faut un casque antibruit.

Il pourrait me vendre n'importe quoi.

— Je prends.

Après 1 000 euros en moins sur mon compte, je suis fin prête à monter un studio d'enregistrement. Chez moi.

— *T'as trouvé ce que t'allais raconter ?*

— *Non, t'as pas une idée, BN ?*

— *Hum... Des interviews de célébrités ?*

— *T'as pas plus original ?*

— *Les mythes ! Tu pourrais raconter la mythologie grecque.*

— *Parce que je m'appelle Pénélope ?*

— *Non, parce que c'est des épopées avec une généalogie complexe.*

— *T'écouterais tous les matins l'histoire de Poséidon, de Chronos ou d'Athéna, toi ?*

— *Moi non, je suis une peluche.*

Fidèle à nos déjeuners mensuels, Bruno me relance :

— Alors Pénélope, et ces podcasts ?

— Bruno, j'ai rien à raconter.

— La blague. T'as mille histoires. Arrête d'avoir peur et lance-toi !

— Ça va intéresser qui mes histoires ?

— Peu importe. Fais d'abord et tu adapteras ensuite.

— Bruno ?

— Quoi ?

— Merci.

J'ouvre une page Word sur mon ordinateur, et le premier mot qui me vient, c'est *L'Arnaque*. *L'Arnaque* parce que j'ai l'impression d'en être une. Et aussi, parce que la vie en est une. On se crée des peurs, des doutes, des blocages et des enjeux, alors qu'on va finir en poussière. Autant faire les choses avant de ne plus pouvoir faire rien.

Alors, je plonge dans mes souvenirs, mes traumas, mes frustrations et je ne m'arrête plus d'écrire.

J'enregistre les premiers épisodes dans ~~ma chambre~~ mon studio d'enregistrement.

Au moment d'appuyer sur *diffuser*, pour qu'ils soient publiés sur toutes les plateformes d'écoute, je suis prise d'un doute. J'ai honte de parler de moi.

— *BN, et si personne n'écoute mon podcast ?*

— *Personne ne saura que c'était nul.*

J'appuie fort sur le bouton. *Published.*

Libéréeeeee, délivréeeeeeeee… je me sens tellement soulagéeeeee.

20

Feedback is a gift[1]

Il n'y a pas eu un seul point noir quand j'ai appuyé sur le bouton. L'épisode a automatiquement été validé, puis s'est naturellement diffusé sur la toile. Je n'avais plus rien à faire, si ce n'est attendre de voir le compteur d'écoutes grimper.

— *Péné, pourquoi tu fais croire à tout le monde que ça a été facile ?*
— *Mais je ne fais rien croire !*
— *Si ! On a l'impression que t'as fait ça en deux secondes, alors que pardon mais…*

C'est vrai. Si ça a été aussi jouissif que se percer un point noir, ça n'a pas été aussi facile. Je pense même que ça été quasi aussi douloureux que

1. Une de ces nombreuses « phrases-suicides ». Autrement dit : « S'il vous plaît, défoncez-moi pour que je m'améliore. » Du même acabit que « Est-ce que j'ai grossi ? » ou « C'est ta mère ou moi ».

d'attendre qu'un bouton arrive à maturité pour pouvoir l'éclater.

Après avoir trouvé le titre de mon podcast, *L'Arnaque,* il restait tout à faire. Un peu comme un Tamagotchi dont on viendrait de tirer la languette pour lui donner vie, il fallait maintenant l'alimenter.

L'impatience, hiérarchiquement supérieure au perfectionnisme sur mon échelle de personnalité, m'a permis de finir l'écriture de quatre épisodes en cinq heures.

J'ai surtout consacré du temps à essayer de comprendre comment fonctionnait mon nouveau matériel audio, même si j'ai vite compris que la carte SD ne ferait pas de moi une privilégiée. Tant mieux, j'ai déjà trop d'abonnements.

Si mes dix années en entreprise ne m'avaient pas appris à créer du sound design sur un logiciel de montage audio, j'avais compris que les retours clients avant la sortie d'un produit étaient impératifs.

Si le feedback est nécessaire et profitable à celui qui en demande, il est comme un buffet chinois à volonté pour celui qui donne son avis.

NO LIMIT. Sans gants, sans pincettes, il y répond sans détour, y revient sans scrupule et laisse un goût amer en bouche.

— *Attends Péné, pourquoi tu demandes l'avis aux autres ?*

— *Pour que ce soit encore mieux !*

— *Tu sais qu'ils vont tous te dire que c'est pas assez comme ci, trop comme ça…*

— *Et alors ? Tant mieux !*

— *Fais ton truc, plutôt. T'occupe pas de ce que pensent les autres, tu ajusteras après.*

— *Mais non, BN ! Autant que ce soit bien tout de suite !*

J'ai envoyé par mail quatre épisodes à quelques personnes de mon entourage et j'ai recueilli leurs avis, à l'oral.

— Alors Élé, qu'est-ce que t'en as pensé ?

— Franchement c'est top, Pénélope ! Mais tu dis que ça va être quoi ? Un potcadst ?

Trois fois que je lui répète.

— Un pod-cast !

— Ah oui, c'est vrai ! C'est quoi l'intérêt ? Il y a une différence avec la radio ? Et ça s'écoute quand ? Il faut payer pour l'écouter ? Parce que ça ce serait quand même très relou.

Présentement ce qui est relou, c'est pas tellement le prix.

— Et on peut voir des images quelque part ?

— Non, c'est audio.

— Audio ? Il n'y a pas d'images ? Mais qui peut écouter ça ?

À peu près tout le monde à part les sourds…

C'est un peu comme la radio, finalement ! Tu vas faire les podcasts d'Europe 1, c'est ça ?

— Non, ce seront *mes* podcasts !

— Tes podcasts à toi ?

« Mes », adjectif possessif.

— Excuse-moi, hein ! Je suis au ralenti. Mais tu vas monter ta radio ? Radio Pénouche ?

— Mais pas du tout !

— Alors je comprends pas. Comment tu peux faire de l'audio sans radio ?

Comment tu peux être mon amie et être aussi con ?

— Bon mais attends, elles sont super tes chroniques. Je m'interroge, c'est tout. Tu penses qu'elles peuvent intéresser les gens qui ne te connaissent pas ?

— Quand je te raconte mes histoires, ça ne te fait par rire ?

— Si, mais je te connais !

— Et si tu ne me connaissais pas ?

— J'en sais rien, je te connais.

Très utile ce feedback.

— En tous les cas c'est courageux ! Et dis-moi, entre nous, si tu fais des potscatds, c'est pour ne pas montrer ta tête ?

— Non, c'est pour faire entendre ma voix.

— Pourquoi t'ajoutes pas de la vidéo ?

— Parce que c'est le principe du podcast !

— D'accord ! En fait, tu veux être la Christine Bravo du podcast !

Quel rapport ?

— Physiquement, c'est hallucinant ce que tu lui ressembles !

Charmant, Bravo.

— Et ton postcat, c'est pour gagner de l'argent ou devenir célèbre ?

— Ni l'un, ni l'autre. C'est pour créer.

— Et pour élargir ton réseau aussi, non ? Et puis rencontrer quelqu'un, peut-être ? Enfin sans images ça risque d'être compliqué… Surtout qu'on va s'imaginer que t'as un physique de radio. Tu devrais vraiment ajouter de la vidéo à ton posdasct, non ?

Feedback is pain in the ass.

— *Mais c'est insupportable BN !*

— *Je t'avais prévenue.*

— *Vas-y, je demande à quelqu'un d'autre, ça m'énerve !*

— *Tu t'obstines, hein !*

— Fabrice, t'as pensé quoi des quatre épisodes de *L'Arnaque* que je t'ai envoyés ?

— Je t'avoue que je suis un peu perdu. Tu as une chronique qui fait 4 m 03 s et une autre qui dure 4 m 20 s.

Observateur.

Est-ce que ça ne risque pas de dérouter les auditeurs ? Je pense qu'on a tous besoin de repères.

Note pour plus tard : offrir une boussole à Fab pour son anniv'.

— Et puis aussi, il y a des moments où on entend que tu respires. C'est bizarre, je trouve. Est-ce qu'il ne vaudrait pas mieux qu'on ne t'entende pas respirer du tout ?

Intéressant le concept de la chronique en apnée. À creuser.

— Et pour diffuser tes podcasts, tu dois les héberger quelque part ?

— Tout à fait.

— Tu as prévu de déménager ?

Je ne savais pas que le Cloud proposait des F2. À Saint-Cloud, éventuellement.

Et si les gens ne trouvent pas ça drôle, tu fais quoi ? T'arrêtes ?

— Je vais d'abord voir ce que ça donne et puis…

— Non, parce que si personne n'écoute, c'est chaud.

Merci, je n'y avais pas pensé.

— *BN, je crois qu'il me faut l'avis d'un professionnel, en fait.*

— *Pénélo…*

— *Je vais demander à un de mes anciens contacts de radio, il sera constructif, lui !*

— Allô Yvon, t'as écouté ? Vas-y franchement, hein ! Ne m'épargne pas.

— Oui Pénélope, j'ai écouté tes épisodes. Alors, écoute… tu as une super voix, vraiment. Mais tu ne suis aucune règle du podcast.

— Ah bon ? Il y a des règles dans le podcast ?

— Bien sûr. Déjà, il faut un format long. C'est la base. Ensuite, il faut que tu défendes une cause ou que tu fasses de l'apprentissage, de l'interview ou du témoignage, mais là tes histoires n'ont rien d'extraordinaire. C'est du divertissement et ce n'est même pas toujours très drôle, et puis…

— *Mais c'est quoi ces gens ?*

— *Tu t'attendais à quoi ?*

— *Je suis trop susceptible, BN.*

— *Ah ça… Et si tu veux te lancer, il va falloir que tu te blindes.*

J'ai inspiré profondément et j'ai appuyé fort sur le bouton.

Published.

La première semaine, le compteur ne dépasse pas les cent écoutes.

Après le premier mois, cinq cents auditeurs quotidiens sont au rendez-vous.

Le troisième mois, je passe à huit mille écoutes par jour. Huit mille. Oui, oui. Par jour. Plus qu'un Zénith.

J'ai du mal à y croire.

Depuis, ça ne fait qu'augmenter. Je reçois des centaines de messages d'inconnus qui me félicitent et je ne sais pas pourquoi, mais pour la première fois de ma vie, je me sens à ma place. On est en l'an 36.

— *Va falloir redescendre Pénélope. Tu te prends un peu pour Mariah Carey, là.*

— *Quoi, j'ai pas le droit de dire que j'ai réussi, non plus ?*

— Allô Bruno ?

— Dis donc, on entend parler de ton podcast partout !

— T'as vu, ça cartonne !!

— Je t'avais dit qu'il fallait y croire.

— Bruno…

— Oui ?

— J'ai… j'ai fait une pénélopade pour que ça marche…

— Quoi ? Ça veut dire quoi ? T'as triché ??

— Non. Enfin, si… Enfin, disons que j'ai forcé le destin.

21

Le système D

Je ne l'ai pas prémédité. C'est arrivé un jour de déprime alors que j'étais sur le point d'abandonner. Ce genre de matin où on appuie trois fois de suite sur *snooze* avant d'éteindre complètement son téléphone parce qu'on n'a pas envie. On a juste pas envie. Un mauvais rêve, une thyroïde mal réglée ou un milieu de cycle, ce jour-là c'était sûrement un peu les trois, mais c'était surtout un énorme ras-le-bol.

— *BN, pourquoi* L'Arnaque *ne marche pas ?*

— *Ça fait trois mois que tu l'as lancé, sois patiente !*

— *Mais je ne vois pas comment ça peut marcher, il y a 400 000 podcasts qui existent !*

— *Arrête de vouloir que ça explose, concentre-toi sur le contenu et ça finira par émerger.*

Il n'a pas tort. Il faut que j'arrête de vouloir réussir en un claquement de doigts. Je me fous une pression toute seule. Mais ça me tend. Pourquoi personne n'écoute mon podcast ? C'est rigolo, pourtant. Enfin, je crois.

Qu'est-ce que je fous avenue de l'Opéra ? J'étais venue faire quoi, déjà ? Je n'ai aucune envie d'aller shopper chez Zara, ni même d'écouter la fanfare qui s'époumone pour quelques pièces dans un chapeau place de l'Opéra, et encore moins de boire un Coca à 6,90 euros au Café de la Paix. J'ai envie d'être seule mais entourée. J'aimerais être dans une bulle avec des vitres sans tain pour pouvoir mater sans être vue.

Et si j'écoutais une musique ? Une chanson douce que me chantait ma Maman. J'ai envie de calme, là. Il me faut mes écouteurs. J'ai besoin d'être isolée.

Et merde. Forcément. C'est toujours quand on en a besoin qu'on ne les trouve pas. Comment j'ai pu oublier mes écouteurs ? Ils sont toujours dans mon jean d'habitude. Je ne me suis pourtant pas changée entre hier et aujourd'hui. C'est insupportable. Je perds la boule avec l'âge. Je comprends de plus en plus les vieux qui parlent de leurs pertes de mémoire. Je suis bonne pour en racheter une paire. Ça ne sera que la quatrième. Ça se perd aussi vite que les chaussettes ces machins-là, c'est un mystère. Ça va que l'Apple Store est sur le trottoir d'en face…

Et si je m'offrais un nouveau téléphone au passage ? J'ai envie de claquer mon fric. Je suis en dep'. J'ai besoin de compenser.

C'est soit je m'offre un téléphone, soit je passe au Monop' acheter un paquet de Pringles. Je préfère quoi ? Finir le mois pauvre ou grosse ?

Non mais j'ai vraiment besoin d'un nouveau téléphone. Le mien est pourri. La fonction dictaphone ne fonctionne plus et il prend l'eau dans la piscine.

— *BN, cet iPhone il est pas mal, non ?*

— *T'aimes bien te faire du mal, hein ? !*

— *Bah quoi ?*

— *850 euros dans un téléphone quand on est au chômage, tu nous ferais pas une boulimie, là ?*

— *Rôôô. T'es rabat-joie ! Tiens, on va voir si* L'Arnaque *est dispo sur… Attends, BN !!*

— *Quoi ?*

— *P'tain BN ! J'ai une idée de génie !*

— *Quoi ? Qu'est-ce qu'il y a ?*

— *Il y a combien d'iPhone dans cette boutique, tu penses ?*

— *Je dirais… une cinquantaine.*

— *OK. BN, prépare-toi. On va se répartir l'Apple Store…*

— *Non. Péné, non. Je ne te suis pas sur ce coup-là. Les cambriolages en pleine journée c'est trop flag'. C'est un coup à ce qu'on m'ouvre le dos pour vérifier que je ne cache pas de la coke sous ma fourrure.*

— BN, tu délires ! On va juste ouvrir l'application de podcasts sur chaque iPhone d'exposition, rechercher L'Arnaque, *télécharger les épisodes, mettre un like, s'abonner à la chaîne et rédiger un commentaire.*

— Euh… Et à part flatter ton ego, ça sert à quoi concrètement ?

— À remonter dans les charts iTunes, bébête ! Apple récupère les chiffres de chacun des podcasts pour établir son classement. S'il voit une grosse activité sur L'Arnaque, *il va le placer dans les premiers.*

— Et ?

— Et tous ceux qui chercheront un podcast vont regarder la liste des plus populaires et tomberont sur le mien. C'est là que tout se joue. Si ça grimpe, c'est que mon podcast est bon et qu'il manquait simplement de visibilité, et si les écoutes n'explosent pas, je me rends à l'évidence et j'arrête le podcast.

— Si je comprends bien, il faut qu'on télécharge les trente épisodes sur les cinquante iPhone, là ?

— Exactement !

— Mais on en a pour une heure !

— Minimum ! Parce qu'il faut varier les commentaires sinon ça va faire louche ! Allez, au boulot ! Tu t'occupes de ceux de droite !

Le lendemain de cette folle journée, Apple mettait *L'Arnaque* en avant sur son application.

À la fin de la journée mon compteur affichait huit mille écoutes. Mon Instagram prenait cinquante followers à la minute et je recevais des dizaines d'e-mails de félicitations de parfaits inconnus.

— *BN, c'est un truc de dingo, non ?*

— *J'avoue. Maintenant que t'as la preuve que tes podcasts plaisent, on fait quoi ?*

— *Je passe la seconde.*

— *C'est-à-dire ?*

— *Je vais me servir de* L'Arnaque *pour me faire connaître.*

— *Et ?*

— *Et je vais créer.*

— *Quoi ?*

— *J'en sais rien. Mais ça y est, BN, j'ai trouvé !*

— *Quoi ?*

— *Ce que je voulais faire de ma vie.*

— *Ah ?*

— *Je vais raconter des histoires. Sous toutes leurs formes.*

— Tu te fous de ma gueule ?!

— Quoi ?

— C'est ça ta trouvaille ?

— Bah te réjouis pas, surtout !

— T'as mis vingt-cinq ans à trouver quelque chose que tu sais depuis que t'as 8 ans ?!

— Non BN. J'ai mis vingt-cinq ans à comprendre que trouver sa place c'est simplement réaliser ses rêves d'enfant.

— Ah bah il était temps ! Maintenant, fais gaffe à pas tourner donneuse de leçons, steuplaît !

22

Penny Pocket

Ma place idéale, elle est à droite dans le lit, côté couloir dans l'avion, au balcon dans un théâtre et sur un podium dans un stade.

Mais depuis que j'ai trouvé ma place, *ma vraie place*, je ne quitte plus… mon canapé.

Le canapé de mon salon est devenu mon lieu d'épanouissement, de villégiature, mon fief. Je trouve autant de plaisir à créer dessus qu'à y faire l'amour.

Certes, il n'est pas en cuir, pas en velours, et c'est un vulgaire KIVIK. Mais, il a le mérite d'avoir de la place pour deux, et ça, pour une célibataire, ça n'a pas de prix.

On n'est pas nombreux, et encore moins nombreuses à travailler sur un canapé. La plupart des actifs ont des locaux, des équipes, un patron, une cafète, une salle de sport et des RTT.

Moi, je suis tellement nostalgique de mon enfance que j'ai décidé de vivre façon *Polly Pocket*. Enfin, plutôt Penny Pocket, grandeur nature. Et ça étonne les gens. Ces mêmes gens qui ne comprennent pas le concept génial du camping-car, le *narrow* [1] peuple.

— Salut, Pénélope, on déjeune ensemble ?

— Oui, super idée !

— Tu viens près de mon bureau ?

— Ça fait un peu loin pour moi. On se retrouve à mi-chemin ?

— Non Péné, j'aurai pas le temps, j'ai beaucoup de choses à faire aujourd'hui.

— Moi aussi j'ai du travail.

— Certes, mais toi, Péné, c'est différent.

Intéressant. Poursuivez.

— Tu peux prendre le temps que tu veux, toi, moi j'ai un patron à qui je dois rendre des comptes.

— Moi aussi j'ai des choses à envoyer !

— Oui, mais tu n'as pas de boss…

— Si !

— Euh… non.

---

1. Population très présente à Paris et ses environs, née avec une malformation congénitale : un esprit étroit.

— Si, c'est moi.

— Oui, c'est bien ce que je dis, t'as pas de boss.

— Ça voudrait dire que si tu travaillais pour toi, tu passerais tes journées à ne rien faire ?

— Pas du tout mais comprends que dans ma situation actuelle, j'ai des comptes à rendre…

Si certains ont du mal à comprendre, d'autres sont juste jaloux :

— Alors, Pénélope, c'était bien l'Australie ?

— Oui, super !

— T'étais en vacances ?

— Non, je me suis délocalisée pour travailler au soleil et me refaire une santé.

— Oui, donc t'étais en vacances.

— Non, je travaillais six heures par jour…

— … En Australie. Donc en vacances.

— Quand tu pars en mission au Japon pour aller voir des clients, t'es en vacances ?

— Non, mais ça n'a rien à voir.

C'est ça la vie d'entrepreneuse. On est seule.

Seule à travailler, seule à savoir que les journées sont plus longues que des journées de salariat et tellement seule qu'on finit par préférer le rester.

Mon Dieu que c'est bon de n'avoir de comptes à rendre à personne, de faire des conf call en culotte et surtout de travailler d'où on veut !

Mais ça, mon ex-amie Charlotte, ça la dépasse :

— Salut Péné, t'es où ?

— Dans mon lit !

— Dans ton lit ? Il est 11 heures du mat', on est mardi, pourquoi tu ne travailles pas ?

— Je travaille !

— Depuis ton lit ?

— Oui, pourquoi ?

— Tu te fous de ma gueule ? Depuis quand on bosse dans un lit ?

— Proust écrivait bien dans son lit ! Où est le problème ? Pourquoi, t'es où toi ?

— Au bureau, où veux-tu que je sois ?

— T'es en pause-café ?

— Non, je rédige un compte rendu hyper important à la cantine.

— À la cantine ? Depuis quand on bosse à la cantine ?

— Pourquoi tu m'agresses, Pénélope ? Tu culpabilises ?

— De ? Travailler depuis 7 heures du matin dans mon lit ? Si je t'avais dit que j'étais assise derrière un bureau, tu m'aurais dit la même chose ?

— Ouh là, je sens que je t'ai vexée. On ne va pas se fâcher, hein ! Écoute, Péné, j'ai ma nounou qui ne peut pas garder Lili demain, tu veux bien t'en occuper ?

— Toute la journée ?

— Non, t'es folle ! De 10 heures à 16 h 30 seulement.

— Impossible, j'ai une fiction à rédiger, des chroniques à enregistrer et mon livre à écrire.

— Tu ne peux pas les écrire ce soir tes chroniques ? Elles sont pas pour demain, si ?

— Non, ce soir je bosse sur mon livre.

— Péné, le livre je peux comprendre, ton éditeur l'attend. Mais les épisodes, t'as vraiment besoin d'en diffuser deux par semaine ? Ça te prend beaucoup trop de temps et d'énergie.

— Ça ne me prend pas tellement de temps, ça ne m'en laisse juste pas assez pour m'occuper de ta fille toute la journée.

— Pourquoi tu t'imposes deux épisodes par semaine ? Décale-les quand t'es en flux tendu ! C'est pas la mer à boire, tout le monde s'en fout.

— Charlotte, si *Game of Thrones* décalait sans te prévenir son épisode du lundi, tu dirais quoi ?

— Ils ne peuvent pas faire ça, ils savent très bien que tout le monde est au taquet.

— C'est pareil pour mes abonnés, ils savent que le lundi et le jeudi, c'est la diffusion de mon podcast.

— T'es vraiment en train de te comparer à *Game of Thrones*, là ?

— Je suis simplement en train de te dire que lorsqu'on prend un engagement, on s'y tient. Peu importe le nombre d'auditeurs. Ils seraient quatre, je dirais la même chose !

— Fais gaffe, tu prends la grosse tête, Pénélope !

— Parce que je dis que je tiens mes engagements ?

— Tes engagements ? Non, mais Péné, t'es inco-nnue au bataillon !

— Quel rapport ?

— Pénélope, tu réalises ce que tu dis ? T'es en train de me dire que, comme Proust, tu traînes dans ton lit pour écrire, que *L'Arnaque* est aussi puissant que *Game of Thrones* et que parce que quelques milliers de personnes ont écouté une fois *L'Arnaque* ou ont ripé sans le vouloir sur le bouton *s'abonner* de leur téléphone, ils attendent comme le messie tes épisodes ? Même Messi, il a moins la grosse tête que toi alors qu'il est Ballon d'or. Redescends, Pénélope, redescends.

— Charlotte, je vais raccrocher…

— Attends, attends ! Tu veux bien t'occuper de ma fille demain, s'il te plaît ?

— Je t'ai dit que je ne pouvais pas. Pourquoi tu ne demandes pas à ton mec ?

— Mais Pénélope, t'es sourde ou tu le fais exprès ? C'est un jour de semaine !

— Et ?

— Et il travaille, lui !

Elle m'a donné envie de me laver les dents dans la cuisine, de pisser dans la douche, de manger dans mon lit, de dormir dans le canapé et de travailler dans les toilettes.

Au passage, cette histoire m'a quand même permis de libérer 3 octets dans mon téléphone.

— *Péné, c'était vraiment nécessaire de la virer de tes contacts ?*

— *BN, si je disais à tout le monde que t'étais une vulgaire peluche, tu ferais quoi ?*

— *Je te parlerais plus.*

— *Bah voilà.*

23

L'écrivain

« *Il était une fois un canard qui s'appelait Gérard. Ce nom-là était très rare à cette époque…* »

Ce sont les deux premières phrases du roman que j'avais commencé en l'an 8 après PB. Je ne l'ai jamais terminé, sinon on en aurait entendu parler. Évidemment.

Finir cette histoire du *Canard Gérard* m'a toujours titillée, mais je n'ai jamais pris le temps ni eu la patience, et encore moins la persévérance de m'y atteler.

J'ai toujours pensé que raconter des histoires à l'oral était beaucoup plus facile que d'en écrire.

~~On m'a~~ Je me suis mis en tête que je ne savais pas écrire, parce que je n'aimais pas lire. Alors quand j'ai été contactée par une maison d'édition pour écrire ce livre, j'ai tout de suite pensé à un canular :

— Écrire un livre ? Mais je ne sais pas écrire !

— Tu n'écris pas tes podcasts avant de les enregistrer ?

— Si, mais les gens les écoutent, ils ne les lisent pas.

— Tu as l'impression que les gens comprennent tes histoires ?

— Certainement.

— Tu as le sentiment de tourner autour du pot avant de dire ta chute ?

— Pas tellement.

— Tu penses trouver les mots justes pour créer le cliffhanger ?

— Souvent.

— Tu mets des variations de ton, de rythme et d'intensité dans ta narration ?

— Tout le temps.

— Alors, Pénélope, tu sais écrire. Tenir un auditeur ou un lecteur en haleine en trouvant les bons mots pour créer de l'émotion, c'est savoir écrire.

— Ah bon ? Mais j'écris comme je parle !

— Et ?

— Et je ne fais pas de belles phrases.

— Et ?

— Eh ben…

— On aimerait te publier.

« On aimerait te publier. » Cette phrase résonne encore dans ma tête, deux ans plus tard.

Dans mes rêves les plus fous, je me suis déjà imaginée championne olympique de voley-ball, première de classe, chasseuse de piranhas, star de cinéma, mais écrivain, jamais.

Alors, si j'ai saisi cette opportunité avec un vrai sentiment d'imposture, j'ai pris le temps de savourer des moments de fulgurances qui surgissent trop rarement au cours de la création, je me suis remise à fumer pour évacuer le stress, j'ai remercié Paul de m'avoir financée, j'ai haï mes textes à force de les réécrire, j'ai écrit certains chapitres depuis mon canapé, d'autres dans mon lit et la plupart dans ma baignoire. J'ai même abusé de la noix de muscade pour trouver l'inspiration, suis allée voir un voyant pour savoir combien d'exemplaires seraient vendus, j'ai dormi le téléphone allumé pour noter des idées en pleine insomnie, j'ai fait une monodiète de burrata pour gagner du temps, j'ai hésité à signer sous un pseudo mais vu le titre je me suis dit que c'était débile, j'ai perdu du temps pour aller plus vite, j'ai changé de titre au moins douze fois et puis finalement, non sans mal, j'ai accouché. D'un manuscrit.

J'ai mis vingt-sept ans à accoucher de ces tomes. Pourtant, depuis mes 8 ans, j'avais déjà la première phrase à quelques mots près, écrite sur un cahier sans m'imaginer qu'elle serait lue.

« *Il était une fois, une fille qui s'appelait Pénélope. Ce prénom était très rare à cette époque…* »

Faire. C'est ça qu'il faut. C'est faire jusqu'à ce qu'on ferre ce pour quoi on est fait.

ÉPILOGUE

Ça m'a tellement obsédée pendant des années de trouver ce pour quoi j'étais faite que j'en ai oublié de chercher la personne pour qui j'étais faite. Enfin, j'ai pas vraiment oublié parce que j'ai quand même un peu cherché, mais ce n'est que maintenant, en 37 après PB, que je me sens prête. Et puis surtout, j'en ai marre que mon matelas s'affaisse du côté droit.

Et puis l'amour c'est…

Non. Je ne vais quand même pas vous spoiler le tome 3 !

Tout ce que je peux vous dire, c'est que le célibat, c'est un combat.

— *C'est une blague, Péné ?*

— *Quoi ?*

— *Tu termines ton livre sur « Le célibat, c'est un combat » ?! Tu crois que ça donne envie aux gens d'aller lire le tome 3 ?*

— Je vais pas dire que j'ai baisé tout Paris, quand même !

— Pourquoi pas ?

— On va me traiter de pute !

— Ou simplement de célibataire.

— Hu !

SUP-KA
OU
LE GUIDE DE LA PÉNÉLOPADE

1. L'entretien avorté aux Ateliers de Sèvres

La pénélopade ne doit pas être utilisée pour le seul goût du challenge.

2. Partir au Vietnam en étant dernière du classement

Oser n'est pas un gros mot.

3. Mettre « bilingue anglais » sur son CV

S'imaginer sur une île déserte.

4. Récupérer un stage perdu d'avance

Ne pas abandonner tant qu'on ne nous a pas dit non.

5. Devenir animatrice radio sur une matinale régionale

Savoir saisir les opportunités.

6. Vendre des piscines quand on n'en a jamais vendu

Sortir de sa zone de confort.

7. Signer un CDI grâce à un fou rire

Rester soi-même.

8. Finir en burn-out

Penser à relativiser pour ne pas se brûler les ailes.

9. Profiter de Pôle emploi pour monter une boîte

Accepter de demander de l'aide.

10. Appeler sa boîte « Mange ta chatte »

Payer le prix de son approximation.

11. Lancer son podcast

S'affranchir du regard des autres.

12. Exploser ses écoutes, sortie de nulle part

Forcer le destin.

13. Écrire 4 livres éponymes

Péter plus haut que son cul.

REMERCIEMENT

Par ordre de préférence
Ça va, je rigole !

BN, sans toi, ce livre ne serait pas ce qu'il est…

Papa, Maman, Dodo, je vous aime comme vous n'imaginez pas.

Guillaume Robert, Susanna Lea, je vous aime, mais différemment, hein !

Merci Jean-Paul V. pour le piston,

Merci Jerry, pour m'avoir fait gagner – je peux savoir pourquoi maintenant ?

Merci Barbie W., d'avoir cru en moi,

Merci Floron de m'avoir supportée,

Merci Pascal C. de nous avoir achetées,

Merci Bruno V. de m'avoir poussée,

~~Aux millenials de~~… non. Pas aux millenials,

Merci Christian C. de croire en moi

Merci Héloïse D. d'être venue me chercher.

Et merci à l'Apple store qui m'a propulsée !

Exercices cérébraux

Réservés aux intellos !

Où est Pénouche ?

La solution est trop évidente pour vous la donner.

Reliez les points
en respectant scrupuleusement
l'ordre des numéros.
Oui, vous pouvez lever le stylo.
Et mettez vos lunettes !

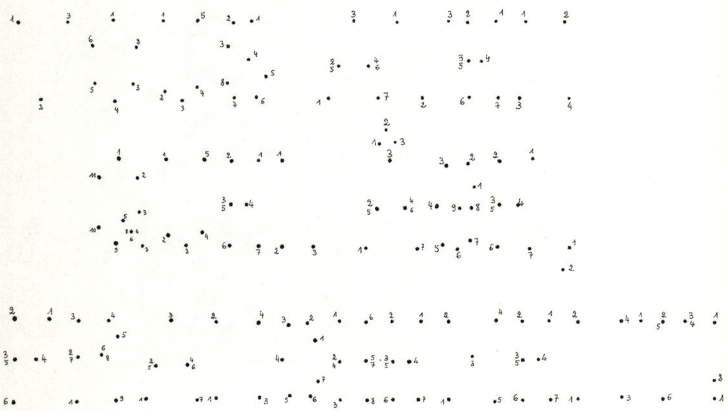

Non, ce n'est pas du braille.

J'ai un dernier truc à vous dire.

Je préfère vous l'annoncer de vive voix, on sait jamais…

VOUS AVEZ UN MESSAGE !

Passez votre appareil photo
sur le QR Code,
et cliquez sur le lien qui apparaît.
Vous n'avez pas besoin d'appli !

Réponses aux mots croisés du tome 1

HORIZONTAL

2. HYPOCONDRIE
5. HEMA
10. PAILLETTÉES
11. BIGOREXE
12. MONOPRIX
17. ANGOISSONOMIE
19. RIVIERE
23. MANNEQUIN
24. BOXE
25. SHORTBREAD
26. BOUDDHA

VERTICAL

1. POIVRE
2. HALLOZER
3. CONFINEMENT
4. BIENE
6. SWISH
7. PUTAIN
8. BIGORNEAUX
9. DODO
13. BOULARD
14. KROUTCHINOU
15. CINQUANTESIX
16. CHAMPAGNE
18. BURPEES
20. PIETONS
21. SANDRA
22. MATHS

Table

Cet ouvrage a été mis en pages par

<pixellence>

Achevé d'imprimer en février 2021
par Normandie Roto Impression s.a.s.
61250 Lonrai
N° d'impression : 2100366
N° d'édition : L.01ELKN000802.N001
Dépôt légal : mars 2021

Imprimé en France